Mélanges d'Archéologie et d'Histoire Lyonnaises

PAR

L'ABBÉ J.-B. MARTIN

CORRESPONDANT
DU MINISTÈRE DE L'INSTRUCTION PUBLIQUE

FASCICULE I

LYON
IMPRIMERIE EMMANUEL VITTE
18, rue de la Quarantaine, 18
1905

Extrait du *Bulletin historique du diocèse de Lyon* (juin-juillet 1900).

MÉLANGES

D'ARCHÉOLOGIE ET D'HISTOIRE LYONNAISES

I. — La Primatie de l'église de Lyon.

Ceux qui s'occupent d'histoire savent combien les études des origines chrétiennes de la Gaule passionnent, en ce moment, le monde savant. Notre but n'est point de prendre partie dans le combat, d'autant plus que l'ensemble des questions est loin d'être suffisamment élucidé. Il est bon toutefois de constater que l'église de Lyon a une opinion, une tradition très arrêtée sur la question. On ne lira point sans intérêt les citations suivantes extraites d'un document d'autant plus autorisé qu'il est officiel, puisqu'il émane d'un de nos archevêques écrivant dans une circonstance des plus graves.

Dans le procès soulevé (1), au siècle dernier, à l'occasion de la primatie de Lyon, par Jacques Nicolas Colbert, archevêque de Rouen, contre Claude de Saint-Georges, archevêque de Lyon, le premier chercha à établir que Lyon avait été une des dernières villes à voir se fonder un siège épiscopal (saint Pothin, vers 150) alors que, depuis fort longtemps, bon nombre d'autres cités en étaient pourvues. Voici la réponse de l'archevêque de Lyon :

L'église de Lyon a pour elle cette gloire, qui ne peut lui être contestée, d'avoir été la première établie dans les Gaules. C'est à elle à qui la nation est redevable de ses premiers prédicateurs de l'évangile,

(1) Cf. *Requeste au roy pour l'archevêque de Rouen*. Paris, Muguet, 1698, in-fol.— (Seconde) *Requeste*. Rouen, Virey, 1698, in-12, 2 part.— *Requeste pour l'archevêque de Lyon*. Paris, Anisson, 1698, in-4°.— *Recueil des principaux titres*. Paris, 1699, in-fol.

de ses premiers saints, de ses premiers martyrs... Que le sieur archevêque de Rouen soutienne avec confiance que c'est un fait très douteux que nous devions à saint Pothin et à saint Irénée les premières lumières de la foi et les premières nouvelles de l'évangile : *ce n'est plus aujourd'hui une question entre les sçavans, et il n'y a point de critique qui osast à cette heure en faire un problème.*

Lorsque, pour justifier le contraire, on assure, sur le témoignage de saint Epiphane, que saint Crescent a presché dans les Gaules, on suppose qu'en cet endroit l'un et l'autre texte de l'épître de saint Paul à Timothée est défectueux et corrompu. Dans tous les exemplaires, le grec et le latin disent également que saint Crescent alla en Galatie, et ils ne disent point qu'il alla dans la Gaule. C'est aussi ce qui a été suivi par l'auteur des *Constitutions apostoliques*, par saint Chrysostome, par Théodoret,par l'auteur du *Commentaire* attribué à saint Ambroise et généralement par tout ce qu'il y a de plus digne de foi parmi les anciens écrivains. On trouve même la *Galatie* dans la Vulgate et on n'y trouve point la *Gaule*. On sçait quelle est l'autorité de la Vulgate, de cette version consacrée par un usage reçu de toute l'Eglise.

Le sieur archevêque de Rouen appelle inutilement à son secours les évêques de Provence du ve siècle et la requeste qu'ils présentèrent à saint Léon. Il dit que ces prélats, mieux instruits des antiquitez de leurs églises que Grégoire de Tours, avancent, dans leur requeste, comme un fait certain, que saint Trophime fut envoyé à Arles, par saint Pierre, et que cependant, si l'on en croit Grégoire de Tours, Trophime ne vint à Arles que sous l'empire de Dèce. Pour répondre à cette objection, il ne faut qu'expliquer un terme dont les évêques se servent dans leur requeste... *Saint Pierre* en cet endroit ne veut dire autre chose que l'église Romaine, que le siège apostolique dont saint Pierre fut le premier évêque. On trouve en mille endroits *saint Pierre* et *les apôtres* même employez dans cette signification et si l'on vouloit qu'ils eussent un autre sens, il faudroit leur attribuer des choses qui ne sont arrivées que plusieurs siècles après leur mort. C'est ce qu'un sçavant de nos jours prouve par quantité d'exemples.

Ce qui montre encore que, dans la requeste des évêques, *saint Pierre* ne peut signifier que le siège apostolique ou l'église Romaine c'est que, dans un autre exemplaire, qu'un auteur fort connu (Raynaldi, continuateur de Baronius) a donné au public, il y a, au lieu de *saint Pierre*, *les hommes apostoliques*. Ainsi la requeste des évêques de Provence ne donne point d'atteinte à ce qui est rapporté par Grégoire de Tours, et il est toujours vrai, comme le dit cet auteur, que saint Denis et les autres apôtres de quelques-unes de nos Eglises ne vinrent en France que sous l'empire de Dèce (1).

Ce qui est rapporté dans l'histoire de Grégoire de Tours est confirmé par une circonstance qui ne doit pas être oubliée. Du temps de Marc-Aurèle, Lyon et Vienne étaient encore les seules villes où il y eust des chrétiens dans les Gaules. Ce prince, par une persécution générale, fit des martyrs dans tous les lieux du monde où le Dieu crucifié étoit adoré. Cependant, le sang des fidelles ne fut répandu, dans les Gaules, qu'à Lyon et qu'à Vienne, ce qui prouve qu'il n'y avoit point ailleurs de chrétiens : s'il y en eust eü ailleurs, il y eust eü des martyrs et la mémoire de ces premiers défenseurs du nom de Jésus-Christ n'aurait pas été ensevelie dans un éternel oubli. Les églises de Lyon et de Vienne en auraient eu connaissance ; elles en auroient parlé dans leurs lettres ; il en seroit fait mention en quelque endroit...

A cela il faut ajoûter que de toutes les églises de France, il n'y a que celles de Lyon et de Vienne, dont l'origine soit certaine et connuë; la naissance de la plupart des autres est obscure ou fabuleuse et si les évêques n'en sont point supposez, on les a du moins placez en des tems où il n'ont point été, et on les a fait évêques longtemps avant qu'ils fussent au monde. De là vient qu'entre ces évêques et ceux qui ont été connus dans la suite, on trouve toujours une interruption de succession, un vuide, et pour remplir ce vuide il a fallu, ou imaginer des noms, ou donner à ceux qui ont été évêques, beaucoup plus d'années d'épiscopat qu'ils n'en ont eu. »

Ces citations suffiront à montrer la *tradition* de l'église de Lyon relative aux origines des sièges épiscopaux des Gaules. Elle a toujours et énergiquement affirmé que Lyon avait été le premier centre d'évangélisation et saint Pothin le premier évêque à siège fixe. Sans vouloir, encore une fois, prendre partie dans cette question si délicate, c'est ajouter un puissant argument que de faire connaître cette tradition.

II. — Le chef de saint Irénée.

Il existe au séminaire de Lyon une collection de lithographies faites, par les soins de M. l'abbé Marduel, sur les cérémonies qui constituent le fond de la liturgie lyonnaise. Cette

(1) Dèce, 249-251 de J.-C.

collection rarissime — on n'en connaît qu'un seul autre exemplaire complet — est d'une importance capitale et j'aurai l'occasion d'en montrer la réelle importance. Toutefois le volume conservé au séminaire acquiert davantage encore de prix du fait que M. Denavit, ancien directeur de cet établissement et liturgiste consommé, a laissé de longues notes destinées à commenter les gravures de M. Marduel. Au début de ces notes se trouve une dissertation documentée sur le chef de saint Irénée, relique conservée autrefois fort précieusement et perdue depuis la révolution. Cette dissertation est due à la plume de M. le chanoine Pastre; M. Denavit l'a heureusement complétée.

Voici le texte des notes de M. Pastre et de M. Denavit, notes dont M. l'abbé Eluard, directeur au séminaire, m'a obligeamment permis de prendre copie.

Documents sur la précieuse relique du chef de saint Irénée, laissés par M. Pastre, chanoine de la primatiale, et trouvés dans les papiers de M. Desceurs, aussi chanoine de la primatiale.

Au dire de plusieurs vertueux ecclésiastiques, qui, dans le tems, ont travaillé à relever la confrérie des Saints-Martyrs, érigée à Saint-Irénée sur la montagne, les personnes dont l'avis fut demandé, avant de procéder à l'invention des corps des saints Alexandre et Epipode, assuroient que le chef de saint Irénée avoit été caché sous le maître-autel de la métropole. Les documents de ces personnes dont nous venons de parler ayant été confirmés par un heureux succès, relativement aux corps des saints martyrs, n'est-il pas à présumer qu'ils le seroient également quant au chef de saint Irénée? Feu M. Caille cadet, chanoine de cette métropole, étoit dans cette intime persuasion, au témoignage des personnes qui avoient l'honneur de le fréquenter. Ce méritant membre du chapitre avoit sans doute puisé en bonne ressource et il est à regretter qu'on ait pas recueilli ses documents.

Voici ce qu'on lit dans une petite brochure dudit M. Caille cadet, imprimée chez Rusand, en 1824 et qui a pour titre : *Réflexions sur la situation actuelle du chœur et de l'autel de l'église cathédrale de Lyon*, page 38, n° 16 : « Il faut démolir (l'autel actuel) pour retirer de dessous l'autel les anciennes reliques de l'ancien chapitre. Lamourette (1) les a fait mettre en cette place lorsqu'il y

(1) Évêque constitutionnel de Rhône-et-Loire.

transporta l'autel. Elles sont dans une capse en bois de chêne. Quelle joie si on pouvoit revoir le chef de saint Irénée! J'ai vu la chaire d'Innocent IV qui lui servit, lorsqu'il présida le concile, brisée en quatre morceaux : elle est dans les décombres. »

M. le chanoine Caille, son frère aîné, assure lui avoir entendu dire qu'il avoit comme persuadé Son Eminence le cardinal Fesch, archevêque de Lyon, de la nécessité de reculer le maître-autel d'aujourd'hui, à son ancienne place sous les comtes de Saint-Jean et, par conséquent, l'avancement des stalles vers la table de communion où étoit anciennement le jubé. Il donnoit pour raison : 1° la convenance de rapprocher le clergé du peuple, aujourd'hui que l'église de Saint-Jean est aussi paroisse; 2° que dans *les démolitions de l'autel*, on trouveroit le chef de saint Irénée. Son Eminence ne rejeta point ce projet, mais elle le remit à des tems plus opportuns.

Feu M. Coste, sacristain de cette métropole, décédé ayant quatre-vingt-trois ans d'assistance, tant cléricale que sacerdotale en cette église, au témoignage de M. l'abbé Chapot, partageoit l'opinion de feu M. Caille cadet. De quelles *démolitions d'autel*, veut parler M. Caille? Est-ce de celles qui restent encore de l'ancien autel sous les planches du chœur actuel, ou bien des démolitions de l'autel existant? Ce ne peut être de ce dernier érigé à la restauration des églises; car M. Groboz, chanoine, l'un des premiers ecclésiastiques rentrés en France, affirme avoir célébré la première messe en cette métropole, au lieu et place dudit autel, sur trois tonneaux parés à cet effet. Comment imaginer qu'en y érigeant, peu après, un autel en marbre tel quel nous le voyons aujourd'hui, on y ait enfoui le chef de saint Irénée?

D'ailleurs, l'opinion de ceux qui attribuent à feu M. Lamourette, évêque constitutionnel, la soustraction de la précieuse relique et sa déposition sous l'autel, dans une caisse, bois de noyer, dit-on, dissipe toute incertitude; car cet évêque fut, après une louable rétractation, ménagé par M Emery, supérieur de Saint-Sulpice, mis à mort en 1794. Or, à l'époque où il vint à Lyon, le schisme était bien déclaré sur plusieurs points, mais les autels n'étoient point encore renversés, ni la déesse infâme érigée sur l'autel. Il reste donc suffisamment démontré que l'autel d'aujourd'hui ne contient point le chef dont il s'agit.

Tous les témoignages, mieux, toutes les opinions, doivent donc se rapporter à l'ancien autel des comtes de Saint-Jean. Cet autel, au dire de M. Coste défunt, étoit placé entre deux caveaux, qui servoient à la sépulture de messieurs les comtes; il assuroit y être descendu plusieurs fois. *Hæc pauca, non nisi ad informandam posteritatem, scripta maneant.* — Lyon, le 8 avril 1836.

Signé : PASTRE, chanoine.

Je puis ajouter à ces documents, que j'ai, plusieurs fois, eu l'avantage de voir M. Caille cadet, et de m'entretenir avec lui sur plusieurs points de liturgie, et je l'ai entendu me parler du chef de saint Irénée, qu'il m'a assuré avoir vu mettre dans les démolitions de l'autel de Saint-Jean, avec la chaise de marbre sur laquelle Innocent IV a siégé au premier concile de Lyon, laquelle on voit représentée à main gauche, à droite de l'autel, contre un pilier du chœur, dans le frontispice de l'église Saint-Jean qu'on voit représenté à la tête de tous les missels; laquelle chaise de marbre a été brisée en quatre avant d'être jetée sous les décombres dudit autel.

Denavit, *directeur du séminaire.*

Il reste à souhaiter, maintenant que la place de cette insigne relique est si manifestement indiquée, que le vénérable chapitre de Lyon, qui s'est toujours fait remarquer par son heureux attachement aux traditions et aux monuments anciens auxquels il doit son illustration, soit bientôt à même de recouvrer cette relique d'une valeur inestimable qui se nomme le chef de saint Irénée et cette autre si curieuse qui est la chaise dans laquelle Innocent IV présida le concile œcuménique de Lyon, en 1245.

III. — Marques de tâcherons et de visiteurs à l'église Saint-Nizier de Lyon.

Les savants qui s'occupent d'archéologie monumentale, attachent, aujourd'hui, une importance toute particulière aux marques laissées par les tâcherons et ouvriers sur les pierres des édifices. Ces marques dont on trouvera de nombreuses reproductions soit dans l'ouvrage de M. Revoil sur l'architecture romane du midi de la France, soit dans celui de M. X. Charmes sur le Comité des travaux historiques et archéologiques, soit enfin dans la monographie de Saint-Jean par M. Bégule, ces marques, dis-je, sont tantôt des signes informes, tantôt de grossiers dessins, tantôt de simples lettres de l'alphabet, quelquefois enfin de véritables inscriptions signées et datées. Ces dernières, on le comprend, offrent un intérêt tout spécial en ce qu'elles indiquent des noms d'ouvriers qui se sont occupés de la construction de l'édifice, ou des réparations ultérieures. A ces marques, il convient d'ajouter celles qu'ont gravées sur les murs les simples visiteurs. Il est aisé toutefois de distinguer celles-ci de celles-là ; les premières, en effet, sont gravées à l'outil et généralement par une taille assez profonde; les secondes sont inscrites en passant avec une lame de couteau, un clou ou un instrument qui ne grave la pierre que superficiellement. Il va sans dire qu'il y a lieu, comme on dit vulgairement, de se méfier des contrefaçons, c'est-à-dire de ceux qui auraient antidaté leurs inscriptions de façon à tromper le visiteur futur. Un œil exercé trouve dans la paléographie de l'inscription des indications suffisantes pour discerner ces tromperies dues à des faussaires qui généralement trahissent leur inexpérience du style ou des caractères d'inscriptions anciennes.

Ayant eu occasion de parcourir les étages supérieurs de l'église Saint-Nizier de Lyon, je remarquai que le pourtour de l'abside est, dans ses parties abritées, particulièrement riche en inscriptions et en graffites de tout genre. En voici quelques-uns des XVIe, XVIIe et XVIIIe siècle que j'ai relevés. La date la plus ancienne qu'il m'a été donné de rencontrer est 1592, celle-ci sans aucun nom. Vient ensuite une marque d'un tâcheron qui ne manque pas d'une certaine élégance :

IEHAN
PERARD
1629

Non loin de là se trouve la date de 1641, sans nom. Antoine Celly a signé deux fois, une première fois en 1642 :

ANTO
CELLY
1642

une seconde fois sans date :

A CELY

L'ouvrier C. Solci a gravé son nom en 1654

C. SOLCI
1654

et le tâcheron Murat en 1663

MVRAT
1663

Avec la date 1707, on trouve le nom de Nantois, surnommé l'ennemi du repos avec, en dessous, un petit calvaire,

NANTOIS
LENEMIDVREPOS
ii 1707

Il ne faut pas confondre ce nom avec celui qui se trouve tout près de là mais qui n'est point daté

NANTAIS
RENDESIDÉE

le signataire a-t-il adopté un surnom indiquant qu'il était un homme à idées ? La chose est possible. L. Leguge a signé en 1735 ; Bayonne, en 1765, avec un surnom qui n'est pas facilement déchiffrable : le picmenne ? le pygmée ?

BAYONNE

LECIEMMENNE

1765

et Pittoud, en 1777.

Je laisse de côté les inscriptions d'ouvriers plus récents pour arriver à celles dont la paléographie indique une époque ancienne bien qu'elles ne soient pas datées. Il faut signaler d'abord une magnifique lettre gothique, un P qui accuse le xve ou le début du xvie siècle. On doit mentionner aussi la gravure faite par un ouvrier qui a pris soin de rappeler le nom d'une Catherine Dusoleil, peut-être sa femme, nom accosté d'un cœur percé de deux flèches et plus bas du soleil, armes parlantes. On trouve aussi un Laurent avec une croix au-dessous

LAVRENT

†

Parmi les visiteurs de marque, il convient de mentionner un

C ꝗERVIEV (*sic*) CHANOINE

et la signature deux fois rencontrée d'un C. Thierry, perpétuel de Saint-Nizier,

C. THIERRY PERPET

C. THIERRY PERPETVEL

DE St NIZIER

enfin l'inscription d'un certain

BOVRGINION

INCREDVLE

qui sent fortement la fin du xviiie siècle.

LE MUSÉE D'ART

ET

du Culte de la Sainte Vierge

L'heureux succès de l'Exposition ouverte en l'honneur de la Sainte Vierge durant les fêtes du Congrès Marial avait décidé le Comité à rendre permanente cette Exposition et à la transformer en Musée. Les difficultés qui, au début, avaient mis quelque obstacle au projet, se sont aplanies et, de toute part, l'idée a été favorablement acceptée. A côté des objets d'art qui déjà ont été gracieusement mis à la disposition du Comité ou lui ont été promis, il faut citer des représentations, photographies, gravures, platres, médailles, notices imprimées ou manuscrites, envoyées en grand nombre des divers sanctuaires et pèlerinages de Marie en France ou à l'étranger. Il importe d'ajouter que le Comité a acquis de nombreuses reproductions des principaux chefs-d'œuvre de la peinture et de la statuaire ayant trait à la Vierge Marie et qui se trouvent dans les Musées de France et de l'étranger. Ce fonds sera complété peu à peu et ainsi se réalisera le double programme du Comité : réunir les principales représentations de la Sainte Vierge dans le domaine artistique, ainsi que les images de Marie qui, dans un lieu ou un autre, sont honorées d'un culte public.

LYON. — IMPRIMERIE EMMANUEL VITTE, 18, RUE DE LA QUARANTAINE

Mélanges d'Archéologie et d'Histoire Lyonnaises

PAR

L'ABBÉ J.-B. MARTIN

PROFESSEUR D'ARCHÉOLOGIE CHRÉTIENNE AUX FACULTÉS CATHOLIQUES

FASCICULE II

SOMMAIRE

IV. Passage et séjour des papes dans le diocèse de Lyon. — V. Tombeau de Mgr de Navarre. — VI. La cathédrale de Lyon. — VII. Liturgie lyonnaise. — VIII. Réception des enfants de chœur de la Primatiale [illegible]. — IX. Les processions des Rogations à Lyon.

LYON

IMPRIMERIE EMMANUEL VITTE

18, rue de la Quarantaine, 18

1900

EXTRAIT DU *Bulletin historique du diocèse de Lyon.*

MÉLANGES

D'ARCHÉOLOGIE ET D'HISTOIRE LYONNAISES

IV. — Passages et séjours des papes dans le diocèse de Lyon.

Les déplacements de la curie Romaine ont été, de tout temps, regardés comme une affaire importante. Les villes, en effet, se disputaient l'honneur de posséder, ne fût-ce que quelques jours, la personne du Souverain Pontife, quoique l'honneur coûtât parfois cher, à cause de la suite relativement nombreuse des officiers et serviteurs de la curie pontificale et des cardinaux. Or, ces déplacements ont été très fréquents du IXe au XIVe siècle : on constate que la plupart des papes de cette époque ont tenu à faire un voyage, parfois même réitéré, en Allemagne et en France.

Voici quelques notes sur les passages et séjours des papes à Lyon ou dans le diocèse : l'itinéraire complet sera donné en appendice. La mention *Bull.* suivie d'un numéro se rapporte à un ouvrage (1) sous presse, lequel contient la bibliographie du sujet.

En mai 878, Jean VIII passe à Lyon et y tient un concile ; il envoie de là des messagers à Tours, au roi Louis le Bègue, lui demandant de venir au devant de lui jusqu'où il lui plairait. Le roi lui adresse plusieurs évêques avec prière de se rendre jusqu'à Troyes. (*Bull.* n°s 170-1).

Le 29 janvier 1107, c'est la personne de Paschal II que notre ville a l'honneur de posséder. Ce jour-là, entouré de nombreux évêques, il consacre l'église St-Martin-d'Ainay. Une inscription en mosaïque de cinq vers, placée dans le pavé du cœur, rappelle ce fait. (*Bull.* n°s 461-2).

(1) J.-B. MARTIN, *Conciles et Bullaire du diocèse de Lyon.*

Gélase II date de Lyon une bulle, le 14 janvier 1119. (*Bull.* n° 480).

Son successeur Calixte II est élu pape à Cluny le 2 février 1119 ; Humbald, archevêque de Lyon, reconnaît cette élection et, vers le 5 février, il reçoit honorablement à Lyon le Souverain Pontife et les cardinaux. (*Bull.* n°s 481-2).

L'année suivante, 1120, le même Calixte II, de passage à Lyon, confirme, le 23 janvier, la donation de l'église appelée Mont Chotard, puis Beaulieu, donation faite à l'abbaye de Fontevrault, par Throbard ou Théotard, archidiacre de Lyon, Chotard, chamarier de la même église et d'autres personnages. (*Bull.* n° 487.)

Voici maintenant un passage qui n'est pas sûr mais fort probable. Innocent II, au début d'octobre 1130, se trouvait au Puy; le 24 octobre on le rencontre à Cluny ; il a, sans doute, traversé le Forez et le Mâconnais, par Feurs, Lyon, Mâcon et Cluny ou par Feurs, Roanne, Charlieu, Mâcon et Cluny. En tout cas le 4 et le 5 novembre, revenant sur ses pas, il date, à Roanne, deux bulles. (*Bull.* n°s 516-7.) Deux ans plus tard, le même pape date de Beaujeu deux bulles, les 13 et 14 février 1132 et se rend à Lyon où, le 17, il date également deux lettres; il s'y trouvait encore le 26, car il y donne une autre bulle. Durant son séjour à Lyon qui dura une quinzaine de jours, fut conclue en présence du pape, et par Ilion, abbé de Saint-Just, une transaction entre bronay et Pierre-le-Vé-ém'b d AHisinio, ab nérable, abbé de Cluny, au sujet de la localité de Prin. (*Bull.* n°s 521-3.)

On a vu ci-dessus la partie occidentale du diocèse de Lyon traversée par Innocent II. La partie orientale le fut peut-être par Eugène III. Le 9 mars 1147, ce pape se trouvait à Oulx, entre Briançon et Suze, dans les Alpes ; le 26 du même mois on le rencontre à Cluny. Le voyage semble avoir dû se faire par Chambéry, Lyon et Mâcon, ou par Chambéry, Belley, Ambérieu, Bourg et Mâcon.

J'arrive aux trois séjours prolongés faits, à Lyon, par Innocent IV, Grégoire X et Clément V. Le vendredi 2 décembre 1244, Innocent IV arrive dans notre ville ; il y demeure jusqu'au mercredi 19 avril 1251, soit 6 ans, 4 mois et 18 jours. On ne saurait en quelques pages, raconter jour par jour, la vie du

Souverain Pontife à Lyon; il suffira de rappeler les faits saillants qui suivent. En décembre 1244, le pape fait une promotion de quatorze cardinaux; le 27 décembre, prêchant au peuple assemblé à Saint-Jean, il lui annonce le prochain concile œcuménique. Vers les Rogations (22-24 mai) un incendie détruit la garde-robe pontificale, un citoyen de Lyon maltraité par un huissier de la curie papale, lui coupe la main, enfin les chanoines de Lyon refusent d'accepter les parents d'Innocent IV que celui-ci a nommés aux bénéfices sans consulter le chapitre; ils menacent même de les jeter en Saône; c'est du moins ce qu'écrit Matthieu Pâris qui a parfois la plume mauvaise. Ce sont en tout cas, les petits inconvénients de la cohabitation. En réalité, Lyon est heureuse de posséder le Souverain Pontife. Elle semble être devenue la capitale du monde chrétien : on y voit affluer les évêques du monde entier et les ambassadeurs des rois.

Cette note s'accentue encore pour le concile : ouvert le 26 juin, il est clôturé le 17 juillet. On y compte 150 évêques, disent les uns, 300 affirment les autres; ce sont les deux chiffres extrêmes. Du 17 au 25 décembre 1245, Innocent IV se rend à Cluny pour y conférer avec le roi saint Louis, puis il revient à Lyon. Le 16 décembre de l'année suivante, il y canonise saint Edmond de Cantorbéry. A la fin de juin 1248, le pape y reçoit la visite de saint-Louis se rendant à la croisade. Enfin Innocent IV quitte, comme il a été dit, notre ville le 19 avril 1251. (*Bull.* n°s 884-1299).

Grégoire X, après avoir assigné la ville de Lyon comme siège d'un nouveau concile œcuménique, y arrive vers le 18 novembre 1273; il y demeure jusqu'aux 13 avril 1275, soit environ 1 an 4 mois et 25 jours. Le jeudi-saint, 29 mars 1274, en pleine église Saint-Jean, il excommunie les citoyens de Vérone et de Pavie et, vers la même époque, il reçoit la visite du roi Philippe-le-Hardi qui rend au pape le Comtat-Venaissin, lui donne trois forteresses situées près de Lyon et lui laisse, pour le futur concile, une garde nombreuse commandée par Humbert de Beaujeu. Le 1er mai, Jacques Ier, roi d'Aragon, arrive à Lyon, par Saint-Symphorien-d'Ozon et le 7 mai s'ouvre le concile. Ce n'est point le lieu de redire ici les splendeurs de cette assemblée de 500 évêques, 60 abbés et plus de 1000 autres prélats, ni le résultat immense — malheureusement précaire — qu'il amena : la réunion de l'église grecque à l'église latine. Le concile clos le 17 juillet, le pape demeura jusqu'au printemps de l'année suivante, pour en assurer les suites heureuses. (*Bull.* nos 1591 et suiv.)

Clément V se trouvait à Bordeaux quand il fut élu pape, le 5 juin 1305, par le collège des cardinaux réuni à Pérouse. Le nouveau pape veut être couronné à Lyon et invite, à cet effet, les cardinaux à se rendre dans la ville primatiale. Lui-même y arrive le 29 octobre et est consacré le 14 novembre dans l'église Saint-Just. On sait qu'un mur s'écroula sous le poids des curieux ensevelissant sous les décombres Charles, comte d'Anjou et Jean, duc de Bretagne, blessant le roi Philippe-le-Bel, ainsi que de nombreux seigneurs. Clément V perdit, dans cet accident, un fameux diamant de sa couronne estimé 10,000 florins. Ce fut, sans doute, le mauvais augure de cet accident qui détermina le pape à quitter notre ville pour aller séjourner à Avignon que ses successeurs continuèrent à habiter. Clément V, toutefois, avait, le 15 décembre 1305, fait, à Lyon, une création de onze cardinaux. Après des séjours successifs à Lyon, à Saint-Cyr-au-Mont-d'Or et à Saint-Genis-Laval, il quitta définitivement notre ville, le 4 mars 1306, par Anse et Belleville ; il y avait séjourné 4 mois et 6 jours.

Si on additionne les séjours faits à Lyon, par les différents papes, on arrive à un total d'environ huit ans et trois mois. A part le séjour à Avignon, je ne crois pas qu'il y en ait eu de plus prolongé dans d'autres villes.

APPENDICE

Itinéraire :

878, mai 11, Jean VIII à Arles.
— fin mai, à Lyon,
— — à Chalon-sur-Saône.

1095, sept. 19, Urbain II à Saint-Paul-Trois-Châteaux.
— oct. 8, à Lyon.
— — 17, à Mâcon.

1106, déc. 25, Paschal II à Cluny.
1107, janv. 4, à Casale, diocèse de Mâcon.
— — 29, à Lyon.
— févr. 2, à Chalon-sur-Saône.

1119, début de janv., Gélase II à Vienne.
— janv. 14, à Lyon.
— en janv., à Mâcon.

1119, févr. 2, Calixte II à Cluny.
— — entre le 5 et le 8, à Lyon.
— — 9, à Vienne.

1120, janv. 14, Calixte II à Mâcon.
— — 23, à Lyon.
— févr. 2, à Vienne.

1130, début d'oct., Innocent II au Puy.
— oct. 24, à Cluny.
— nov. 3, à Cluny.
— — 4 et 5, à Roanne.
— — 11, à Cluny.
1132, févr. 8, à Cluny.
— — 13 et 14, à Beaujeu.
— — 17 et 26, à Lyon.
— mars 2, à Vienne.

1147, mars 9, Eugène III à Oulx.
— — 26, à Cluny.

1244, nov. 24, Innocent IV à Chambéry.
— déc. 2, arrivée à Lyon. Séjour.
1245, nov., à Lyon.
— — 25, à Cluny.
— déc. 3, à Cluny.
— — 13, retour à Lyon. Séjour.
1251, avr. 19, départ de Lyon, par le Rhône.
— — — à Vienne.

1273, nov. 3, Grégoire X à Chambéry.
— — 18, à Lyon. Séjour.
1275, avr. 13, départ de Lyon.
— mai 2, à Orange.

1305, oct. 27, Clément V à Roquemaure (Gard).
— nov. 3, à Condrieu.
— — 5, à Lyon. Séjour.
1306, janv. 20, à Lyon et St-Cyr-au-Mont-d'Or.
— févr. 1 et 8, à Lyon.
— — 8, à St-Genis-Laval.
— — 9, à Lyon.
— — 10, à Lyon et St-Genis.
— — 11, à St-Genis.
— — 12 et 13, à Lyon et St-Cyr.
— — 14, à St-Genis, Lyon et St-Cyr.
1306, févr. 15, 17 et 18, à Lyon et St-Cyr.
— — 20 et 21, à St-Cyr.
— — 21 à 28, à Lyon et St-Cyr.
— mars 1 à 4, à St-Cyr.
— — 4, à Lyon.
— — 5, à St-Cyr.
— — 6, à St-Cyr, Anse, Belleville et campagne aux environs de Belleville.
— — 7, à Mâcon.

V. — Tombeau de Mgr de Navarre.

Dans la crypte de l'église Saint-Nizier de Lyon se trouve, au milieu de la nef, une belle pierre tombale ornée de l'inscription suivante :

D O M
HIC JACET
ILLMUS ET REUEREM
DMUS DD NICOLAUS
NAVARRE . EPPUS CYDO
NIENSIS ⁝ SUFFRAG.
ET VIC ⁝ GEN . LUGD.
ABBAS . CLARITATIS.
DEI . HUJUSCE ECCLESIÆ.
CANONICUS
QUI POST DIES PLENOS
SED CUIQUE BREVIORES
OBIIT DIE 25. 7^{bris} ANNO DNI
1753 ÆTATIS SUÆ. 70 :
REQVIESCAT. IN PACE
(blason portant une ancre). (1)

Cette pierre qui mesure 1 m. 94 de hauteur sur 0,65 c. de largeur, recouvre le tombeau de Nicolas Navarre, évêque de Sidon et suffragant de Lyon. M. le chanoine Routier, le digne curé actuel de Saint-Nizier, qui s'intéresse tout particulièrement à l'histoire de son église, a bien voulu me fournir quelques renseignements sur le tombeau. Il assista lui-même à l'ouverture qui en fut faite, en 1883, et aperçut le corps étendu, revêtu encore de ses habits pontificaux et portant notamment au doigt l'anneau épiscopal ; les chairs n'étaient plus apparentes, mais le squelette était fort bien conservé.

Il y a quelques années, M. Routier eut la bonne fortune

(1) « A Dieu très bon et très grand. Ci-gît illustrissime et révérendissime seigneur Nicolas Navarre, évêque de Sidon, suffragant et vicaire général de Lyon, abbé de la Clarté-Dieu (monastère de Cisterciens au diocèse de Tours) et chanoine de cette église (St-Nizier), lequel, après des jours bien remplis mais que chacun a trouvé trop courts, mourut le 25 septembre de l'an 1753, la 70e année de son âge. Qu'il repose en paix. »

d'acquérir le portrait du respectable défunt ; la toile, qui avait émigré, on ne sait comment, en Bretagne, orne aujourd'hui, la sacristie de l'église Saint-Nizier.

Le prélat y est représenté en buste et de trois quarts, tourné à droite, il est revêtu d'un camail noir, doublé de rouge et porte, selon l'usage de l'époque, de longs cheveux. La toile mesure 82 sur 65 cent., non compris le cadre. Au revers, l'artiste a écrit l'inscription suivante que j'ai eu la plus grande peine à déchiffrer tant elle est effacée :

« *Ill ac Rever DD Nic Navarre Eps suff lugd et vic gen Doct. Sorb canonic eccl colleg S Nicetii Depictus a 1746 — Bes.....* » qui doit se traduire : « *Illustrissime et révérendissime seigneur Nicolas Navarre, évêque suffragant de Lyon et vicaire général, docteur de Sorbonne, chanoine de l'église collégiale Saint-Nizier; peint en l'année 1746. — Bes.....* » Il ne m'a pas été malheureusement possible de lire la fin de la signature.

VI. — L'Heptateuque de Lyon.

Elle est bien singulière, elle touche presque au roman, l'histoire de l'Heptateuque de Lyon, histoire que nos lecteurs connaissent peut-être vaguement mais qu'il n'est pas inutile de rapporter ici avec quelque détail.

On sait qu'on nomme *Heptateuque* la collection des sept premiers livres de l'Ecriture-Sainte, la Genèse, l'Exode, le Lévitique, les Nombres, le Deutéronome, Josué et les Juges. Or, au siècle dernier, existait dans les archives du chapitre primatial de Lyon une collection semblable écrite sur un manuscrit contenant environ 230 feuillets de parchemin. Depuis quand l'Eglise de Lyon possédait-elle ce respectable monument : on ne les aura sans doute jamais, mais des notes écrites en marge des feuillets indiquaient que, déjà à l'époque de Charlemagne, elle en était en possession, bien plus, que ce codex servait à la lecture des leçons de l'office quotidien. L'écriture du manuscrit remontait au VIe siècle, peut-être au Ve siècle. Transporté, à la Révolution, dans la bibliothèque de Lyon, le manuscrit fut vu, vers 1835, par un allemand, le Dr Fleck, mais il n'était déjà plus en entier : il y manquait la fin du Deutéronome et les deux livres suivants. Cette partie avait-elle été détachée avant la Révolution ou depuis, c'est un point qui n'a pas pu être élucidé.

Le codex déjà diminué, le fut une seconde fois par une soustraction de 80 feuillets qu'y fit le fameux Libri, inspecteur des bibliothèques sous Louis-Philippe. La partie volée fut vendue à un riche anglais, lord Ashburnham et demeura sa propriété jusqu'au jour où M. L. Delisle, l'érudit administrateur de la Bibliothèque nationale, ayant prouvé au monde savant la matérialité de vol, le noble lord restitua, en 1880, à la bibliothèque de Lyon ce qui en avait été détourné. Ce fait attira l'attention sur ce manuscrit tellement ignoré qu'on peut attribuer à M. Delisle l'honneur de l'avoir le premier signalé en 1878 : en effet le catalogue des manuscrits de Lyon composé par le peu compétent Delandine l'attribuait à l'époque de Charlemagne le post-datant ainsi de trois cents ans : M. Delisle lui restitua sa véritable date. C'est alors qu'un autre érudit, M. U. Robert, aujourd'hui inspecteur des bibliothèques, fit pleinement constater l'immense valeur du manuscrit en le publiant, en 1881, sous le titre de *Pentateuchi versio latina antiquissima e codice Lugdunensi.*

Mais il était dit qu'on marcherait de surprise en surprise. Nos lecteurs ont présent à la mémoire la fameuse vente Dauphin de Verna, qui eut lieu en novembre 1895 et donna naissance à tant d'incidents aujourd'hui encore à peine calmés. Dans le catalogue de cette vente figurait un manuscrit de 86 feuillets écrit en onciales : mandé à Paris, avant la vente, par M. Delisle, le codex fut par lui reconnu comme étant la suite du Pentateuque. M. F. Desvernay, administrateur de la bibliothèque de Lyon, qui le vit à Lyon le reconnut également. Toutefois, plus heureux que son confrère, il eut l'inestimable avantage de pouvoir l'acquérir, avant la vente, pour le dépôt dont il a la garde, et cela à un prix très raisonnable. M. Delisle, à son voyage à Lyon, le félicita vivement de cet heureux dénouement, car il eut été possible que le manuscrit fût acheté par le British Museum ou une bibliothèqne allemande.

Voici donc le Pentateuque devenu Heptateuque. Qui sait s'il ne deviendra pas un jour ou l'autre Bible entière? Restait à publier la partie nouvellement acquise : le travail en fut confié à M. Robert qui avait si parfaitement étudié et édité la première partie. Il est triste d'avouer que M. Robert ne put pas rencontrer en France un seul libraire qui consentît à faire les frais de l'entreprise, alors qu'il reçut d'Angleterre et d'Allemagne des offres séduisantes. Dans ces conjonctures, l'Académie de Lyon prit une décision qui lui fait le plus grand honneur. Elle vota la subvention nécessaire à la publication et c'est ainsi qu'à l'occasion des fêtes du bi-centenaire de sa fondation, ce corps savant put distribuer à ses membres l'*Heptateuchi partis posterioris, versio latina antiquissima e codice Lugdunensi* (Lyon, A. Rey et Cie, 1900, in-4° xxxvi-163 p. et 1 héliogr.).

De la savante introduction rédigée par M. Robert dans ses deux publications, il résulte que le manuscrit contient une traduction latine du grec des Septante faite antérieurement à saint Jérôme, probablement dans l'Afrique du nord, au IIIe siècle. Cette traduction a été connue et utilisée par Lucifer de Cagliari. Les nombreux rapports de Lyon avec l'Afrique autorisent ces probabilités. D'autre part il est curieux de voir régner à Lyon une version de la bible toute différente de la Vulgate — version romaine et officielle — et cela même au IXe siècle, c'est-à-dire six cents ans après saint Jérôme.

VII. — Liturgie lyonnaise.

Le *Bulletin* a consacré quelques lignes (p. 102) à la description d'une collection de gravures se rattachant à la liturgie lyonnaise antérieure à Mgr de Montazet, gravures faites sous la direction du chanoine Marduel. L'exemplaire appartenant au grand séminaire de Lyon est accompagné de notes écrites de la main de M. Denavit, ancien supérieur de ce séminaire. Voici la notice qu'il consacre à M. Marduel.

L'auteur de ces divers tableaux ou plutôt l'éditeur, c'est-à-dire celui qui en a donné l'idée au dessinateur, est M. Marduel, chanoine d'honneur de la cathédrale de Paris et de la primatiale de Lyon. Ce digne ecclésiastique originaire de la paroisse de Châtillon-d'Azergues, fut reçu, dès son bas-âge, au nombre des enfants de chœur de Saint-Jean; c'est sa réception qu'il a représentée tableau V, page 9. Cet réception eut lieu avant 1775, par conséquent avant la liturgieMontazet et sous la liturgie Rochebonne. Elevé au chapitre de Saint-Jean, y ayant passé son enfance, et sa jeunesse, il connoissoit tous les usages, toutes les cérémonies de cette antique et illustre église. Il avoit passé du rang d'enfant de chœur à ceui de perpétuel : c'est ainsi qu'on nommoit ceux qui ayant été admis dans l'église, dès le bas âge, comme enfans de chœur, y étoient élevés, instruits, ensuite admis au sacerdoce pour continuer à servir, jusqu'à la mort, en qualité de chantre et de membre du clergé inférieur.

M. Marduel fut toujours un des admirateurs des rits de l'église de Saint-Jean, et un zélateur de leur observation. Ce qu'on a appris dant l'enfance ne s'oublie pas. Toujours il eut présent à sa mémoire tout ce qu'il avoit vu et entendu dans l'ancien chapitre.

Lorsqu'après la révolution, il rentra en France et que les

églises furent ouvertes, il fut placé, comme vicaire, dans la paroisse de Saint-Nizier. Là, son plus grand soin fut de faire revivre, dans cette ancienne église collégiale, les usages et les cérémonies de Saint-Jean que personne ne possédoit comme lui et que M. Cublaz, ancien perpétuel, cherchoit, de son côté, à faire observer à la primatiale où il était sous-maître, autrement maître de cérémonies.

C'est à M. Marduel qu'on dût le rétablissement du grand corporal à la grand messe, des deux croix derrière le maître autel. M. Marduel commençoit par rétablir ces anciens usages à Saint-Nizier, et aussitôt M. Cublaz s'empressoit de les établir à Saint-Jean, ne voulant pas se laisser dépasser, à Saint-Nizier, en zèle por l'ancienne discipline.

En (1), M. Marduel fut attiré à Paris par M. Marduel, son cousin, nommé curé de Saint-Roch. On le vit quitter Lyon avec beaucoup de regret, il y avoit fait grand bien. C'est à lui que s'adressoient les gros pécheurs et ceux qui se confessent pour se marier. Il en tiroit partie : il n'avoit pas une morale sévère et outrée; on l'appeloit « le Père à grandes manches »; par-là on faisoit allusion au surplis qu'il portoit constamment et dont on lui doit la conservation dans le diocèse.

En quittant Lyon M. Marduel ne perdit point de vue les cérémonies lyonnoises; elles furent toujours les délices de son cœur. Il aimoit à en parler aux Lyonnais qui alloient le voir et, lorsqu'il faisoit le voyage à Lyon, il s'informoit du soin qu'on avoit de conserver les anciennes coutumes, ou se plaignoit des brêches qu'il apprenoit avoir été faites à l'ancienne discipline. Il ne pouvoit se consoler qu'on eût mis à Saint-Nizier le chœur derrière l'autel, après le départ de Mgr Besson, curé de cette paroisse, devenu évêque de Metz. L'établissement des orgues à Saint-Jean, par Mgr le cardinal de Bonald, en 1840, ont *(sic)* toujours été pour lui un crève-cœur.

M. le curé de Saint-Roch étant mort, M. Marduel se retira près de la cathédrale de Paris dont il avoit été fait chanoine d'honneur. Mgr de Pins, administrateur apostolique de Lyon, l'avoit aussi fait chanoine d'honneur de Lyon.

C'est dans sa retraite, que M. Marduel, voyant que tous les

(1) Manque la date.

usages de Lyon s'en alloient un à un résolut de laisser à la postérité les plus précieux de ces usages consignés, non pas dans des livres que peu de personnes ont le courage de lire, surtout les livres liturgiques, mais dans des gravures qui frappent les yeux et qui apprennent plus facilement, plus clairement et en un instant, ce qu'on veut dire ou enseigner. Il a donc consacré son tems, son argent, ses peines, à expliquer à un dessinateur les différents tableaux qui suivent, comme un monument précieux des anciens usages de l'église de Lyon, et comme une protestation solennelle contre toutes les innovations qui se font, chaque jour, dans notre siècle de perfectionnement. M. Marduel est mort à Paris le 19 janvier 1848. »

Les premières planches du recueil sont les mêmes que celles qu'on trouve dans le Cérémonial de Lyon imprimé en 1838; elles représentent le sanctuaire de Saint-Jean (vue et plan), celui de Saint-Etienne, le chœur de Saint-Jean. Au bas de cette dernière gravure, M. Marduel a fait imprimer :

« L'introduction (de la liturgie de Mgr de Montazet) répandit un certain esprit de nouveauté et diminua le goût qu'on inspirait pour l'étude des livres saints. Avant cette époque, tous les vendredis et l'avant-veille des fêtes, un des maîtres des enfans de chœur les réunissait sur une seule ligne, les faisait chanter par cœur, d'abord tous ensemble, les trois offices : matines, la grand'messe et vêpres; ensuite, s'adressant successivement à dix ou douze d'entre eux, il leur demandait l'explication morale de ce qu'ils venaient de chanter et résumait celle qu'on leur avait donnée sur ces offices.

« Cette première éducation religieuse a meublé ma mémoire d'un très grand nombre de passages des livres saints que je n'ai jamais oubliés ni confondus. Souvent, en citant ces textes de l'Ecriture, on déplace des mots ou l'on en substitue d'autres. Un prédicateur écrivait ce texte de saint Paul : *Omnes sunt administratorii spiritus in ministerium missi propter eos qui hæreditatem...* Il s'arrêta là, ne se souvenant pas s'il y avait *capiunt* ou *capient salutis.* J'entrai chez lui, dans ce moment. Il me demanda lequel des deux il fallait dire. Je lui dis : ce texte est une antienne de l'office des saints anges gardiens que je savais à l'âge de dix ans. En la chantant je me rappelai comment elle finit :

car on nous faisait prononcer distinctement les voyelles et les consonnes. Aussitôt je la chantai, en la terminant par *capient salutis*. Souvent le souvenir d'une pièce de chant apprise dans mon enfance, me servit à rectifier des textes qu'on altérait. »

VIII. Réception des enfants de chœur de la Primatiale, au XVIIIe siècle.

Le recueil de liturgie lyonnaise composé par M. Marduel, dont il a été question ci-dessus (p. 9), contient une intéressante notice relative à l'admission des enfants de chœur de la Primatiale. Bien que cette note ait été utilisée dans l'excellent ouvrage de l'érudit Mgr Forest, *L'École cathédrale de Lyon*, on la publie ici à nouveau parce qu'on la fait suivre d'une note manuscrite sur le même sujet, écrite, vers 1860, par M. Denavit, directeur au grand séminaire de Lyon.

TEXTE DE M. MARDUEL

Chaque année on recevait deux ou, tout au plus, quatre enfans de chœur ; le jour de la réception on avançait d'une heure la messe canoniale, après laquelle le Chapitre assemblé envoyait le bâtonnier chercher les petits récipendiaires, qui étaient en soutane et en ceinture rouges, les cheveux frisés et poudrés, le surplis plié sur le bras gauche, et chacun accompagné de son père et de quatre témoins.

Le sous-maître de chœur et le maître des enfans les conduisaient dans la salle capitulaire avec leur compagnie ; le doyen les interrogeait sur le catéchisme, les faisait chanter séparément et réciter par cœur quelques hymnes ; ensuite on les conduisait dans la chapelle voisine. Après la délibération du Chapitre, le bâtonnier appelait le premier, celui qui avait le mieux répondu ; on le conduisait avec sa compagnie et on le faisait mettre à genoux devant le doyen qui lui coupait les cheveux, le revêtait de son surplis et lui faisait une petite exhortation. On procédait de même envers les autres.

Après ces cérémonies, le greffier écrivait sur un registre les actes de réception dans lesquels était mentionné le serment que chaque témoin avait prononcé sur le saint Evangile, par lequel il attestait que la famille de l'enfant était sans taches et que le titre clérical que son père lui faisait était établi sur un bien légitimement acquis. Ces cérémonies étaient les mêmes que celles que l'on observait à la réception des comtes de Lyon.

NOTE DE M. DENAVIT

Il est parlé au bas de cette planche d'une tonsure faite par le doyen du Chapitre au clerc qui étoit reçu. Il ne paroit pas que cette tonsure fût la tonsure cléricale, qui dispensât de recevoir la première tonsure des mains de l'évêque. C'étoit une cérémonie particulière au Chapitre de Saint-Jean. Les théologiens disent bien que certains abbés avoient le privilège de conférer la tonsure aux membres de leur monastère ; mais ils la conféroient en observant les cérémonies du Pontifical romain. Il n'est dit nulle part que le doyen du Chapitre de Lyon, ait jamais joui de ce privilège. D'ailleurs, l'auteur de la gravure ne se sert pas du nom de tonsure, et ne parle d'aucune prière qui accompagnât cette cérémonie ; il ne coupoit que quelques cheveux, et puis, dans les diverses gravures de cette collection où M. Marduel n'a oublié aucun petit détail, on peut remarquer que ceux qui ont la tête découverte ont la tonsure bien marquée, tandis qu'on ne la voit pas aux enfants de chœur, mais bien aux clercs, comme on peut le remarquer aux premiers.acolythes qui venoient après le grand acolythe.

IX. — Processions des Rogations à Lyon.

(d'après le recueil de M. Marduel.)

Processions des Rogations de la cathédrale de Lyon auxquelles assistaient les collégiales de Saint-Just, Saint-Paul et de Saint-Nizier, non celles de Fourvière et d'Ainay, leur clergé n'étant pas assez nombreux. Station à la chapelle de Saint-Martin de la Chanal. Vue au moment où tout le clergé est à genoux, au chant du *Suscipe deprecationem*, ou pendant l'invocation *Sancte sanctorum Deus*. (*Extrait d'un livre imprimé en 1741*.)

Ces trois jours, comme les jours solennels, on chante matines à quatre heures, les jours de neuf leçons à trois heures, tierce à sept heures, et de suite la procession.

Le lundi on passe devant l'église de Saint-Romain, où le curé de Saint-Pierre-le-Vieux et un vicaire donnent l'eau bénite et l'encens ; on va le long des églises de Saint-Pierre et de la Trinité faire la première station à Saint-Georges, la deuxième à Saint-Laurent-des-Vignes, la troisième à Saint-Irénée, la quatrième et la grand'-messe, à Saint-Just. On revient par le Gourguillon et la rue des Deux-Cousins. Quand le Chemin-Neuf et la brèche de Saint-Jean furent achevés, au XVIe siècle, on continua longtemps de suivre cette marche.

Le mardi, la première station à Saint-Paul, (la) deuxième à la Chanal, (la) troisième et (la) grand'messe aux Cordeliers de l'Observance, la quatrième à Saint-Pierre-de-Vaise. Le mercredi, première station à Notre-Dame de la Platière, (la) deuxième aux Feuillants, (la) troisième à Saint-Pierre, (la) quatrième et (la) grand'messe à Saint-Nizier.

Chaque collégiale entrant à Saint-Jean, son porte-bannière va la placer derrière l'autel, se rend à la porte du jubé, attend son clergé, le conduit en marchant le premier. Ils vont par le milieu du chœur baiser le texte sur l'autel dont on leur a ouvert le cancel, se rendent à la chapelle de Notre-Dame du Haut-Don (aujourd'hui chapelle de la Croix). A la fin de la tierce, ils vont se placer au chœur selon leur rang.

Les trois comtes en semaine doivent faire, l'un la fonction d'hermite, c'est-à-dire de célébrant et chanter la messe; l'autre fait diacre et porte le texte ; le dernier fait sous-diacre et porte la bannière du Lion, ainsi appelée parce qu'elle représente un Lion et la légende : « *Ecce vicit leo de tribu Juda.* » Souvent leurs vicaires remplissent leurs fonctions pendant ces trois jours.

Ces officiants et l'enfant porte-livre, qui chantent les litanies et les stations sont toujours pieds-nus, même à la messe, excepté l'hermite qui, pour la chanter, prend ses souliers. Après la messe, il les quitte et reprend son sac. A cette messe, l'enfant fait acolyte, sans chandelier, et chante l'*Alleluia*. Après tierce, le sous-diacre entonne *Exaudi nos*, au verset duquel le porte-lion va, avec sa bannière, au milieu du chœur, celle de Saint-Just se met un peu plus bas à droite, celle de Saint-Paul à gauche, celle de Sainte-Croix à côté de celle de Saint-Just.

Au *Gloria Patri*, les officiants vont, de la sacristie, se placer, l'un derrière l'autre, à l'entrée du presbytère à gauche; 1° le porte-livre, 2° le porte-croix, 3° le porte-texte qu'il a été prendre sur l'autel, 4° l'hermite. En même temps les bannières vont se placer dans la nef devant le jubé, dans le même ordre que dans le chœur, celle de Saint-Nizier vis-à-vis de celle de Sainte-Croix.

A *Christe audi nos*, que l'on répète, le clergé se met à genoux, tourné du côté de l'autel. A *Sancta Maria*, que l'on répète aussi, les bannières partent : 1° celle du Lion, 2° celle de Saint-Paul, 3° celle de Sainte-Croix, 4° celle de Saint-Nizier, 5° celle de Saint-Just qui dirige la procession. A *Sancte Michael*, le clergé se lève et part pour la procession. Alors des enfans de chœur donnent les cannes au précenteur, qui conduit les comtes et les chanoines, au chantre qui conduit les prêtres, au maître de chœur qui conduit les diacres et les clercs, et au sous-maître qui conduit les enfans de chœur.

Ordre de la marche : 1° Les enfans de chœur de Saint-Nizier seuls ; 2° ceux de Saint-Just et de Saint-Paul *mixtim*, c'est-à-dire un de Saint-Just avec un de Saint-Paul ; 3° ceux de Saint-Jean seuls ; 4° les clercs, sous-diacres et diacres, les prêtres habitués, les perpétuels, chevaliers, chanoines et comtes observent le même ordre.

Lors de ma réception à la cathédrale en 1771, on ne faisait que deux stations : le lundi, la première à Saint-Irénée, la deuxième et la grand'messe à Saint-Just ; le mardi, (la) première à la Chanal, (la) deuxième et (la) grand'messe à Saint-Paul ; le mercredi, (la) première à Saint-Pierre, (la) deuxième et (la) grand'messe à Saint-Nizier. On observait encore les cérémonies ci-dessus et les suivantes.

A l'approche d'une église de station, le précenteur délègue ceux qui doivent y chanter. Ceux-ci prennent le devant avec l'enfant pour se trouver à la porte de cette église et y entonner l'*Agnus Dei* dès que la croix arrivera ; ils suivent l'hermite lorsqu'il y entre et, debout, *in plano*, du côté de l'épître, tournés à droite, le porte-livre devant eux, ils chantent les stations avec lui ; ceux qui portent les cannes les leur remettent en passant. Ces chantres, en commençant *Suscipe deprecationem*, font une lente et profonde génuflexion ; tout le clergé se met à genoux et ne se relève qu'après *Miserere nobis*. A *Sancte Sanctorum Deus* qu'ils répètent, ils font, à chaque fois, une pareille génuflexion ; le clergé se met encore à genoux, et ne se relève qu'après le second *Miserere nobis*.

A l'invocation du patron de l'église de la station, on se tourne du côté de l'autel et on la répète. Entré dans l'église, le porte-texte le met sur l'autel, quitte sa chape à la sacristie, se revêt d'un sac et vient se prosterner, avec l'hermite, sur le marche-pied de l'autel pour suppléer ensemble les prières qu'on n'a pu achever. La station finie, ils se lèvent ; l'hermite dit l'oraison après laquelle le porte-texte va quitter son sac à la sacristie. Pendant sexte, l'hermite demeure auprès de l'autel. Pendant none, il va à la sacristie se préparer pour la messe. C'est un vicaire de Sainte-Croix qui entonne tierce, sexte et none. Au sortir de l'église les enfans de chœur qui ont reçu les cannes de ceux qui ont chanté la station, les rendent à ceux qui les portent à la procession. Quand on va d'une station à une autre, les chantres des litanies reprennent leur rang ; le porte-livre marche avec le premier enfant de chœur, le précenteur entonne la première antienne, les prêtres seuls la continuent, ensuite les diacres, clercs et enfans de chœur la chantent ensemble ; et ainsi des autres antiennes comme cela s'observe le jour des Rameaux (1).

Après la grand'messe, les collégiales étant sorties successivement, on chante cinq répons ; avec la fin du dernier, les officiants viennent au milieu du chœur, le porte-livre et les deux chantres commencent la litanie *De quacumque tribulatione* et de suite les bannières du Lion et de Sainte-Croix partent, sans s'arrêter dans le chœur. A *Sancte Michael* la procession sort et retourne à Saint-Jean. En y arrivant, les bannières et les officiants se placent dans la nef, comme au départ ; l'hermite s'arrête à l'entrée de l'église comme les dimanches ordinaires lorsqu'après l'eau bénite, étant allé dans le cloître pour la bénédiction du puits, du réfertoire et de la cuisine. Le clergé rentrant dans la nef se range en chœur pour l'oraison. On finit la litanie par les *Agnus Dei* et le *Kyrie eleison*. Ensuite le sous-maître entonnant le *Clementissime*, les bannières se retirent derrière le grand autel, par la chapelle de Notre-Dame du Haut-Don. Le *Clementissime* fini, l'hermite se découvre et dit l'oraison.

(1) Ce jour, la cathédrale va faire une station à Saint-Irénée, descend dans l'Eglise souterraine des martyrs, la traverse pour aller faire une deuxième station au Calvaire, de là vient à Saint-Just où l'archevêque bénit les Rameaux. Quand on les a distribués, le clergé sort en silence. Lorsque la procession traverse la place, un petit enfant de chœur, élevé sur un siège, devant la maison en face du portail, entonne l'antienne *Pueri Hæbrcorum* que tout le clergé continue. Cette antienne est chantée, une deuxième fois, par les prêtres seuls et, une troisième fois, par les diacres, clercs et enfans de chœur. L'on répète ainsi toutes les antiennes jusqu'à l'entrée à la cathédrale.

Lyon. — Imprimerie Emmanuel VITTE, 18, rue de la Quarantaine.

LYON. — IMPRIMERIE EMMANUEL VITTE, 18, RUE DE LA QUARANTAINE.

Mélanges

D'ARCHÉOLOGIE ET D'HISTOIRE

LYONNAISES

PAR

L'ABBÉ J.-B. MARTIN

PROFESSEUR D'ARCHÉOLOGIE CHRÉTIENNE AUX FACULTÉS CATHOLIQUES DE LYON

FASCICULE III

SOMMAIRE

Consécration d'un pape, couronnement d'un empereur, et bénédiction d'une impératrice au moyen âge, d'après un manuscrit du chapitre primatial de Lyon. — Les trésors d'un bibliophile lyonnais. — Lyon en 1682. — Les fraudes en archéologie et en histoire. — Une ancienne mosaïque de la Primatiale. — Une lettre inédite. — Au Vatican. — Messimy.

LYON

IMPRIMERIE EMMANUEL VITTE

18, rue de la Quarantaine, 18

—

1902

Extrait du *Bulletin historique du diocèse de Lyon*, 1901-2.

X. — CONSÉCRATION D'UN PAPE
COURONNEMENT D'UN EMPEREUR & BÉNÉDICTION D'UNE IMPÉRATRICE
au Moyen Age.

d'après un manuscrit du Chapitre primatial de Lyon.

S'il est des cérémonies qui soient grandioses en elles-mêmes, qui aient frappé l'imagination populaire et attiré des foules c'est bien, certes, les trois cérémonies que notre titre vient d'énumérer. Sans doute, la consécration du pape se poursuit régulièrement et se continuera jusqu'à la fin des siècles, grâce à l'immortalité de l'Eglise ; il n'en va pas de même du couronnement des empereurs ou des impératrices qui deviennent de plus plus rares. Il a donc paru intéressant d'indiquer les splendeurs du rite de ces trois cérémonies.

Or, il existe, dans le trésor de la primatiale de Lyon, un manuscrit fort remarquable : c'est un pontifical du XIVe siècle, copié sur beau parchemin, en lettres rouges et noires. Il est orné de belles miniatures dont voici la nomenclature : la tonsure, les ordinations du portier, du lecteur, de l'exorciste, de l'acolythe, du sous-diacre, du diacre, du prêtre et de l'évêque, le couronnement d'un empereur et d'une impératrice, la consécration d'une église et la bénédiction des cendres. Ce manuscrit contient le cérémonial des ordinations et un grand nombre de bénédictions. Mais ce qui en fait surtout l'inestimable valeur c'est : 1° qu'il a appartenu à la chapelle des papes et 2° qu'on connaît le nom de celui qui l'a écrit et enluminé.

Le premier point est démontré par le fait que seul le pape couronnait l'empereur, que ce pontifical servait pour la consécration des nouveaux papes et par dix autres mentions insérées dans le volume. Il est probable que ce codex, écrit à Rome, fut apporté à Avignon, lors du séjour des papes et que, plus tard, il passa de la bibliothèque du Saint-Siège dans celle de la chartreuse de Marseille où il se trouvait au siècle dernier. Comment a-t-il émigré de ce monastère à la primatiale de Lyon, c'est ce que je n'ai pu savoir.

En outre, le colophon du volume porte cette mention importante : *Explicit liber quem scripsit Rainerius de Florentia, scriptor atque notarius.* Ainsi donc, c'est un artiste florentin du nom de René qui a écrit et magnifiquement enluminé le précieux manuscrit.

Je laisse maintenant la parole aux rubriques du manuscrit que je me contente de traduire sans y ajouter d'inutiles commentaires.

I.— Consécration d'un souverain pontife.— Le primicier, avec sa maîtrise, entonne l'antienne de l'introït ; alors le pape élu sort de la sacristie (*sacrarium*) de Saint-Pierre avec sept céroféraires, les cardinaux évêques et tout le clergé revêtu d'habits solennels. Ils arrivent à la confession de Saint-Pierre où on chante la litanie, puis on monte à l'autel. L'évêque d'Albano récite une première oraison et l'évêque de Porto une seconde, puis on apporte le livre des évangiles et celui-ci est tenu ouvert, au-dessus de la tête de l'élu, par les diacres et les évêques qui lui imposent les mains.

L'évêque d'Ostie consacre le pape en récitant une oraison, après quoi l'archidiacre lui impose le pallium, par ces mots : *N..., recevez la plénitude de l'office du souverain pontificat, à l'honneur du Dieu tout-puissant, de la bienheureuse Vierge Marie, sa mère, des bienheureux apôtres Pierre et Paul, et de la sainte église romaine.*

Alors le pape monte à son siège et reçoit au baisement du pied les cardinaux évêques, les cardinaux prêtres et les cardinaux diacres, puis il donne le baiser de paix aux prêtres, aux lévites, aux cardinaux et aux autres prélats. Cette cérémonie achevée, on chante le *Gloria in excelsis* et on termine la messe comme de coutume.

II. — Couronnement d'un empereur. — Lorsque le roi, élu empereur, arrive à la porte appelée *Collina* qui se trouve près du château de Crescentius, il est reçu avec honneur par le clergé de Rome portant des croix et des encensoirs, et est conduit processionnellement jusqu'aux marches de la basilique Saint-Pierre au chant de : *Voici que j'envoie mon ange.* Les camériers de l'empereur le précèdent en répandant des petits présents et le préfet de la ville porte devant lui le glaive. Lorsqu'il est parvenu devant la basilique, sur la place appelée *Cortina*, le roi est accompagné à cheval par les sénateurs jusqu'aux marches dont il a été parlé ; là il descend et on remet son cheval à un suivant.

Le souverain pontife, avec son clergé, se prépare, dans la sacristie, pour la célébration des saints mystères. Il sort processionnellement jusqu'à l'extrémité de la place qui domine les marches et s'assied sur un fauteuil ayant autour de lui, assis sur les marches, les divers ordres du clergé, savoir : à sa droite, les cardinaux évêques et prêtres, à sa gauche les cardinaux diacres, puis, sur les degrés voisins, les sous-diacres et les acolythes. Le primicier et les chantres se tiennent debout autour d'eux, ainsi que les magnats, les officiers et les principaux serviteurs de la cour.

Alors le roi, avec ses évêques et archevêques, ses princes et magnats, monte vers le souverain pontife, lui embrasse respectueusement le pied, lui offre de l'or à sa convenance et reçoit le baiser du souverain pontife. Lorsque celui-ci se lève, le roi se met à sa droite et le premier des cardinaux diacres à sa gauche ; on se rend ainsi jusqu'à l'église Sainte-Marie *in turribus*, et là, devant l'autel, sur l'évangile tenu par le cardinal, le roi prête le serment suivant.

Moi, N..., roi des Romains et, avec la permission de Dieu, futur empereur, je promets et jure, devant Dieu et saint Pierre, de devenir le protecteur et le défenseur du souverain pontife et de l'église romaine, lorsqu'il sera nécessaire et utile ; je garderai et conserverai ses possessions, honneurs et droits autant que, appuyé sur la grâce divine, je le saurai et le pourrai, et cela de bonne foi. Que Dieu m'aide et ses saints évangiles.

Alors le souverain pontife, avec son clergé, se rend à l'autel et, après avoir fait une prière, monte à son siège. Le roi, avec les siens et les trois cardinaux évêques d'Ostie, de Porto et d'Albano, demeure dans l'église Sainte-Marie *in turribus ;* là, il est reçu par les chanoines de Saint-Pierre en qualité de confrère, et est revêtu des insignes impériaux ; le pallium lui est mis par le camérier du pape. Les chanoines précédant le roi et chantant : *Pierre, m'aimes-tu ?* on arrive à la porte de la basilique du prince des apôtres appelée porte d'argent ; de chaque côté du roi se tiennent le comte du palais du Latran et le primicier des juges de Rome. Alors l'évêque d'Albano récite sur le roi la bénédiction suivante...

Lorsque le roi est parvenu dans l'intérieur de l'église, à l'endroit marqué d'une roue, l'évêque de Porto chante sur lui cette autre oraison... De là ils se rendent à la confession de Saint-Pierre, où le futur empereur se prosterne à terre et le premier des cardinaux diacres récite sur lui la litanie. Celle-ci achevée, le premier des cardinaux prêtres récite une oraison. Alors on se rend à l'autel de saint Maurice et là l'évêque d'Ostie oingt de l'huile exorcisée le roi sur bras droit et entre les épaules. Le roi monte ensuite à l'autel Saint-Pierre, où le souverain pontife l'embrasse comme un des cardinaux diacres, puis il se rend au pupitre ou ambon, où un trône (*thalamus*) a été construit en charpente et orné de tentures. Là, le roi se tient, suivant la dimension du lieu, avec ses archevêques, évêques, princes et magnats.

Le primicier et les chantres placés dans le chœur, devant l'autel, chantent l'introït. Après le *Kyrie* et le *Gloria*, le souverain pontife récite une oraison pour l'empereur. L'épître lue et le graduel chanté, l'empereur s'avance processionnellement vers l'autel où le pape lui impose sur la tête la mitre cléricale et, par-dessus la mitre, le diadème impérial, en récitant une oraison; il lui donne ensuite le sceptre et la boule d'or. Après quoi, on chante une prose (*cantilena*), puis l'empereur est conduit près du pape qui se tient devant l'autel Saint-Pierre sur un trône élevé. Le souverain pontife monte à cet autel, prend le glaive qui s'y trouve et le donne à l'empereur pour signifier que celui-ci doit prendre soin de l'empire par le glaive; après une oraison, il le ceint aussi de l'épée. Alors l'empereur tire le glaive du fourreau, le fait tournoyer fortement et par trois fois, puis aussitôt le remet au fourreau.

Il se lève ensuite, embrasse les pieds du souverain pontife, puis celui-ci monte à son trône et l'empereur à un fauteuil préparé à la droite du pape. Il s'avance couronné tenant, dans la main droite la boule d'or et, dans la gauche, le sceptre; il se rend ainsi à son trône et lorsqu'il s'y trouve, entouré de ses princes, le premier des sous-diacres ainsi que les sous-diacres de l'église romaine qui se tiennent près du pectoral de droite, devant le crucifix d'argent, chantent à haute voix la louange de l'empereur en disant : *Christ, exaucez-le.* Les scriniaires de Rome revêtus de chapes et placés devant le pectoral, dans le chœur, répondent : *Salut et victoire au seigneur invincible, empereur des Romains et toujours auguste.* On répète trois fois cette louange, puis le premier des sous-diacres, entouré des siens, renouvelle par trois fois cette acclamation : *Sauveur du monde*, à laquelle les scriniaires répondent : *Aidez-le.* Les premiers reprennent, par deux fois : sainte Marie, les seconds : *Aidez-le*; puis : saint Michel, saint Gabriel, saint Raphael, saint Jean-Baptiste, saint Pierre, saint Paul, saint André, saint Etienne, saint Laurent, saint Vincent, saint Sylvestre, saint Léon, saint Grégoire, saint Benoît, saint Basile, saint Sabba, sainte Agnès, sainte Cécile, sainte Lucie.

Après le chant de l'évangile, l'empereur dépose sa couronne et son manteau; il se rend près du souverain pontife et offre à ses pieds de l'or autant qu'il lui plaît. Le pape se rend à l'autel pour achever les saints mystères et l'empereur, à la façon d'un sous-diacre, présente le calice et la burette : il demeure là jusqu'à ce que le souverain pontife, étant retourné à son siège, communie; l'empereur reçoit alors la communion de la main du pape ainsi que le baiser de paix. Il retourne à son trône, reprend le manteau et la couronne et, à la fin de la messe, reçoit respectueusement la bénédiction du pape.

L'empereur se rend alors au lieu où le souverain pontife doit monter à cheval ; il tient l'étrier de la selle puis, prenant le frein, il conduit quelque peu le souverain pontife. Alors il monte lui-même à cheval et accompagne le pape jusqu'à l'église Sainte-Marie *intra spedina* où, après s'être embrassés tous deux, ils se séparent non de cœur mais de corps.

L'empereur a coutume de faire des largesses à toute la hiérarchie ; le pape les distribue, savoir : aux cardinaux évêques, aux cardinaux prêtres, aux cardinaux diacres, au primicier, aux chantres, aux sous-diacres, aux basilicaires, aux régionaires, enfin à tout le clergé de Rome, puis aux chapelains et aux autres officiers et serviteurs de la cour, au préfet de Rome, aux sénateurs, aux juges, aux avocats, aux scriniaires et aux préfets des novales.

Lorsque le roi descend du mont Gaudius et arrive près du petit pont, il a coutume de prêter aux Romains le serment suivant : *Moi, N..., roi et futur empereur, je jure de conserver aux Romains leurs justes coutumes. Que Dieu m'aide et ses saints évangiles.*

III. — Bénédiction d'une impératrice. — On prépare un trône au-dessus du *lectorium*, où la reine pourra s'asseoir avec, au moins, deux dames et quelques princes de l'empire, soit ecclésiastiques, soit laïques. A l'entrée de l'église, on récite sur elle une oraison. Après le couronnement de l'empereur, on la conduit, revêtue des ornements royaux, devant le souverain pontife, qui récite sur elle une bénédiction, et lui impose la mitre, de façon à ce que les cornes de cette mitre se trouvent à droite et à gauche (1). Par-dessus la mitre, il place la couronne en récitant une oraison.

La reine, une fois couronnée, est ramenée à son trône. Après l'évangile, elle est conduite pour faire son offrande au souverain pontife. Elle se tient ensuite sur les degrés près de l'abside et de l'autel Saint-Léon, jusqu'à ce qu'elle communie, après l'empereur, de la main du pape. Elle est alors ramenée à son trône et y demeure jusqu'à la fin de la messe.

(1) Pour la distinguer de la mitre épiscopale dont les cornes sont placées devant et derrière.

XI. — LES TRÉSORS D'UN BIBLIOPHILE LYONNAIS

Il est peu de personnes qui n'aient entendu parler des fameuses bibliothèques Coste et Yéméniz, que leurs propriétaires avaient fondées grâce à une patience sans borne et à des dépenses considérables. La première forme, à elle seule, un fonds sérieux de notre bibliothèque municipale.

C'est une de ces collections précieuses qu'il m'a été donné de visiter en détail : celle de M. A. Brölemann. Je voudrais faire connaître les manuscrits qui m'ont paru être les plus intéressants au point de vue du texte ou de l'art. J'aurais désiré que la description par la plume ne fût pas trop inférieure aux artistiques enluminures des manuscrits; c'est un travail au-dessus de mes forces, travail qui ne peut viser qu'à une seule qualité, l'exactitude.

Le fonds se compose surtout de manuscrits auxquels il importe de joindre certains livres d'heures imprimés, généralement sur vélin, par les artistes les plus en vue de Paris et de Lyon au xve et au xvie siècle : Thielmann Kerver, Pigouchet, Simon Vostre et Geoffroy Tory. On sait quel intérêt — d'ailleurs mérité — s'attache aujourd'hui à ces publications : aussi, sans m'arrêter, passerai-je de suite aux manuscrits. Je les divise en trois classes : Ecriture sainte, liturgie et belles-lettres.

L'Ecriture sainte est représentée entre autres manuscrits, par cinq beaux volumes : deux bibles entières, deux psautiers et les livres de Salomon. La première de ces bibles est intacte : le texte y est resté entier et le vélin de toute blancheur; l'écriture est du xiiie siècle, régulière, sur deux colonnes; le volume est décoré de cent onze initiales à figures ou à antennes. La seconde des bibles est du xive siècle : il y manque malheureusement quelques feuillets au commencement, mais elle est plus ornée que la première : deux cents initiales sont peintes en rouge et bleu.

Le premier des deux psautiers est d'une composition assez curieuse : « Sur les deux premiers feuillets, écrit M. Bréghot du Lut (1), se trouve un formulaire de prières d'une écriture différente

(1) *Catalogue des mss. de la bibliothèque d'Arthur Brölemann* (Lyon, 1897).

de celle du psautier », ainsi qu'une formule d'excommunication contre quiconque vendrait ou aliénerait sans autorisation des biens ecclésiastiques. Le psautier lui-même est précédé d'une table des éclipses, d'un calendrier perpétuel et d'un calendrier ordinaire; le texte est illustré de onze grandes initiales d'un beau style. Le second psautier, de la fin du XIIIe siècle, compte douze grandes initiales or avec figure, plus un grand nombre de petites initiales peintes avec antennes en bleu, rouge et or.

Un manuscrit fort remarquable au point de vue artistique est celui qui contient *les Paraboles* de Salomon, *l'Ecclésiaste* et *le Cantique des Cantiques.* Il date du début du XIIIe siècle et est écrit sur trois colonnes, celle du milieu en gros caractères; de nombreuses notes marginales accusent une glose. Il est orné d'une grande lettre initiale avec animaux et de dix autres de moindre importance.

La bibliothèque de M. A. Brölemann est riche surtout en manuscrits liturgiques. Voici la description de quelques-uns des principaux. Le no 44 est un Bréviaire du XIVe siècle; une note du premier folio dénote son origine « *Ex bibl. ff. Praed. Gratianop.* » (de la bibliothèque des Frères Prêcheurs de Grenoble). Malgré que les premières pages en soient fatiguées, il n'en est pas moins assez bien conservé; il a son calendrier et vingt-huit miniatures sans compter un grand nombre d'autres initiales et ornements.

Un codex qui a une grande importance au point de vue liturgique est celui intitulé « *tertia pars missalis.* » C'est en effet une partie d'un missel à l'usage de Beauvais; il appartint primitivement à Robert de Hengest, chanoine de Beauvais, qui le légua à l'église de cette ville. Outre trois miniatures à pleine page, on y trouve de grandes lettres à antennes exécutées avec le plus grand soin.

Le no 60 est un *Evangéliaire* du Xe siècle, formé de 211 feuillets de parchemin. En matière liturgique, l'évangéliaire est un volume qui contient exclusivement les évangiles qu'on lit chaque jour à la messe; ce livre était porté à l'ambon par le diacre chargé de chanter l'évangile. Je ne crois pas que ce manuscrit puisse apporter quelque contribution à la critique textuelle scripturaire, étant donné d'abord son âge tardif (Xe siècle) qui ne peut être mis en parallèle avec les manuscrits du Ve ou du VIe siècle qui servent ordinairement à cet usage et aussi parce qu'il ne contient que des fragments des évangiles. Mais au point de vue artistique il est splendide; il contient cent quatre-vingt-six initiales ornées dont trois grandes d'un effet décoratif très remarquable et d'un dessin gracieux et élégant. On a pu d'ailleurs admirer ce manuscrit à l'exposition rétrospective de Lyon.

Un livre d'heures du XIIIe siècle offre un aspect gracieux; il est orné de huit miniatures en style très gothique et sur fond or : *la donataire agenouillée devant la Vierge, le Baiser de Judas, la Flagellation, le Portement de croix, la Crucifixion, le Sauveur du monde, l'Annonciation, les Funérailles.* Un des possesseurs a écrit : « *Ces présentes heures sont estées données par moi Jehan Damas, seigneur de Marcilly et la Mothe, vicomte de Chalon, à damoyselle Ienne de Torsy, dame de Monayt et de Sassangy, ma belle-mère, laquelle je lui supplie m'avoir toujours en ses prières et souvenances et me tenir en son amitié tant en ma vie qu'après mon trépas. Ecrit le dernier jour d'avril 1587.* (Signé) : *S. Damas-Marcilly.* »

Il arrive parfois que les miniatures d'un manuscrit présentent un caractère archaïque que n'offre pas l'écriture. C'est ce qu'on peut observer dans un livre d'heures du XIVe siècle ; les douze miniatures qui le décorent et surtout l'*Annonciation* présentent tous les caractères d'une peinture du XIIIe siècle.

Je finirai la série des manuscrits liturgiques en mentionnant un *Office de la sainte Vierge avec Psaumes de la Pénitence.* Ce manuscrit est incomplet de dix-huit feuillets, dont plusieurs lacérés ou raturés intentionnellement. Mais c'est un spécimen précieux de l'art dans l'Allemagne du Nord au moyen âge. A chaque page, figures et ornements variés d'une grande finesse ; enfin seize lettres à antennes et personnages en complètent l'illustration.

Le *Poëme des Machabées* est le principal manuscrit de la bibliothèque de M. Brölemann pour la section littéraire; lui aussi se présente bien illustré : ses seize miniatures sur fond doré lui donnent un air gracieux, mais le contenu est surtout important. Ce manuscrit du XIIIe siècle est la copie d'un texte du XIe siècle qui n'est autre qu'une traduction en langue romane ou plutôt une adaptation en prose et en vers des livres des Machabées. Malheureusement notre texte est incomplet « la première page, dit M. Bréghot, ne commence pas le poème et le deuxième feuillet ne continue pas la deuxième page; il y a là une lacune qui trahit l'enlèvement d'un ou de plusieurs feuillets intermédiaires. D'ailleurs la première page fait allusion à Lysias, gouverneur de Syrie en l'absence d'Antiochus, qui n'apparaît dans l'histoire des Machabées, qu'après la défaite d'Apollonius par Judas Machabée ». On comprend l'utilité de ce texte pour la langue et la littérature du moyen âge.

Tels sont, choisis entre cent autres, les volumes qui appellent l'attention : j'aurais pu multiplier ces descriptions, mais je craindrais d'abuser de l'attention dont charitablement le lecteur a bien voulu faire crédit à cet aride travail.

XII. — LYON EN 1682

On lira avec intérêt le document suivant. C'est le récit du voyage en Italie accompli par un Orléanais, dont je n'ai pu retrouver le nom. J'en ai extrait le passage relatif à Lyon. Son récit se trouve dans un manuscrit autographe conservé au séminaire d'Orléans.

Le lundy, 10 [aout 1682] disné à St-Martin les Trots [*sic*, pour St-Martin-d'Estréaux] à Me de Chasteaumorand, une lieue et demie, passé par la Pacaudière à Monsieur de La Feuillade, une lieue et demie, couché à Changy au comte du Bourg, colonel du régiment roïal, une lieue et demie.

Le mardy 11, passé à St-Germain au comte du Bourg, disné à Rouane à Mr le mareschal de La Feuillade, deux lieues. C'est là où la rivière de Loire commence a porter batteau. Passé à Sainte-Marguerite à Mlle de Monpensier, une lieue et demie ; couché à St-Syphorien, bourg à la mesme princesse, une lieue.

Le mercredy 12, passé par la Fontaine, une lieue et demie, à Mlle de Monpensier, disné à Tarrare à Mr de Ste-Colombe, une lieue et demie, passé par Poncharat à Mr Freins (ou Fréjus), une lieue ; coucher à Belley à M. d'Arbigny, deux lieues.

Le jeudi 13, passé par Bresle (L'Arbresle) à l'abbé de Savigni, comte et archidiacre de Lyon, une demi lieue, disné à la Tour (-de-Salvagny), une lieue et demie, au doyen de St-Jean de Lyon, couché à Lyon, une lieue et demie, proche de l'église de St-Jean, à l'enseigne *des deux Cousins*.

Lyon, en latin Lugdunum, est une des plus grandes villes de France, des plus riantes et des mieux basties qui s'y voyent. Elle est longue et estroite en bastimens, parce qu'elle est pressée entre le Rosne et des montaignes de l'autre costé. La rivière de Saône la traverse et se va jetter dans le Rhosne à un bout de la ville, ou elle mêle ses eaux avec celles de ce fleuve avec peine, comme l'on dit que l'on distingue aussi les eaux du Rhosne deux lieues dans la mer après qu'il y est entré. La plus grande partie des rues de Lyon sont étroites mais l'on élargit celles où l'on bastit présentement. Il y a trois pons dans la ville et celui du Rhosne qui conduit au Dauphiné.

Le trafic y fleurit plus qu'en aucune ville de France après Paris et il s'y trouve beaucoup de familles de marchans très puissantes : la banque de Lyon manqua néanmoins il y a quelque temps et retrancha un quartier (un quart) des rentes en vertu d'un arrest du conseil.

Cette ville a été honnorée de l'assemblée de deux conciles généraux. Le premier, qui est le treisiesme universel sous le pontificat d'Innocent IV, l'an M. CC. XLIV lequel fut convoqué pour le recouvrement de la Terre-Sainte et où Frédéric fut privé de l'empire et saint Louis nommé chef des expéditions du Levant. Le deuxiesme concile qui fut le quatorsiesme universel, sous Grégoire X, l'an M. CC. LXXIV dans lequel l'opinion des Grecs fut condamnée et conclut que le Saint-Esprit procédoit du Père et du Fils.

Nous demeurasme à Lyon jusques au mardy dix huict, pour voir la ville.

L'église de St-Jean de Lyon est belle. Il y a trante deux comtes, dignitez et chanoines ; ils ont deux cent mil livres de rente. M. l'archevesque de Lyon est frère de M. le mareschal de Villeroy qui a esté gouverneur du roy : il se nomme Camille de Neuville de Villeroy. Il prend le titre de primat des Gaules : lui mort, l'évesque d'Autun entre dans ses droits par œconomat (1), ce qu'il fait réciproquement à la mort de l'évesque d'Autun. On chante l'office divin, dans l'église de St-Jean, sans livre et par cœur. Ils font reposer le saint Sacrement hors l'église, dans une autre auprez, qui en est une annexe, sous le titre de Sainte-Croix. Ils n'ont jamais de musique. Il n'y a que l'officiant qui porte une chappe. A la messe, tous les jours, le prélat, le diacre, le soudiacre portent la mithre à l'autel. Il y a dans l'église de St-Jean une des plus belles et des plus curieuses horloges que l'on puisse voir : elle a été rétablie dans la perfection où elle est à présent par les comtes de Lyon en 1660.

La maison de ville est magnifiquement bâtie; le dosme, les deux gros pavillons et presque toutes les couvertures furent bruslées il y a quelques années et n'ont pas été encore réparez.

J'ai veu dans Lyon beaucoup de belles églises. Les religieuses de St-Pierre dont l'abbesse est de la maison de Mombazon ont fait, depuis peu, bastir à Lyon un des plus beaux monastères de France : elles ont cinquante mil escus de rente. Les Jésuites sont les mieux bastis de tous les autres religieux : ils ont trois ou quatre congrégations.

J'ay remarquay que les Lyonnois ont beaucoup de religion quoiqu'ils soient portez à la débauche : ils se mettent tous de quelque

(1) C'est-à-dire que l'évêque d'Autun avait l'administration spirituelle de Lyon pendant la vacance.

confrairie. Ils en ont des plus plaisantes institutions que l'on se puisse imaginer : la confrérie des pénitens blancs, des pénitens de Lorette et des pénitens pèlerins de St-Jacques ont bien faire rire Monsieur Ravault qui se mocquoit aussi bien que moy de toutes les cérémonies extraordinaires qu'ils mesloient parmi les plus saints mistères.

Nous remarquasmes que les Jésuites, mesme dans deux congrégations des messieurs, faisoient jouer, dans l'église, pendant le salut, quatorze violons et avoient dans la tribune des voix de filles pour chanter au salut. Mais on nous dit que c'estoit l'usage à Lyon et qu'ils suivoient en cela la manière d'Italie, ce qui excusa les bons Pères dans notre esprit. Ils ont la plus belle et la plus nombreuse bibliothèque de la ville.

Monsieur Ravault apprit d'un ecclésiastique que, depuis peu, on avoit fait à Lyon un establissement d'un séminaire pour les ecclésiastiques de la province qui plaidoient, qui n'avoient qu'à s'adresser aux supérieurs de ce séminaire, et les instruire de leurs affaires, leur remettre les pièces entre les mains, après quoy on les renvoie chez eux desservir leurs bénéfices, et on fait vider leurs procez sans qu'ils s'en mettent davantage en peine. Cette institution seroit nécessaire dans plusieurs autres lieux.

L'on voit au faubourg de St-Irénée l'église et le lieu où l'on croit que saint Irénée, second évêque de Lyon, a esté martyrisé avec dix-neuf (1) autres martyrs.

L'épitaphe de Jean Gerson, chancellier de l'église de Paris, se voit dans l'église de St-Laurent, proche l'église collégiale de St-Paul. Elle est en ces termes :

Æ. M.
D. I. Charlieri Gerson Euang. Christi piiq. Doct. Restit.
Cum. Simb. pub. ac priv. lemma titulus.
Sursum corda
Magnum parva tenet virtutibus urna Joannem
præcelsum mentis Gerson cognomine dictum
Parisiis sacræ professor theologiæ
Claruit Ecclesiæ qui cancellarius anno
milleno Domini centum quater atque vigeno
nono, luce petit superos julii duodena.
Pœnitemini
et credite evangelio.

L'église de Nostre-Dame de Forvières est ancienne. On découvre de là tout le plan de la ville : la veüe en est tout à fait charmante.

(1) Lire dix-neuf mille martyrs.

La belle et grande paroisse de St-Nizier est la plus considérable église après St-Jean. Les Carmes, les Minimes, les Récolets, les Célestins, l'abbaïe d'Ainay et les Chartreux méritent d'être veüs.

Mais le plus beau et le plus magnifique bastiment de Lyon est la Charité, proche la place de Belle Cour. Cette maison a neuf cours enfermées de bastimens pour la commodité d'un grand nombre de pauvres que l'on y retire, qui travaillent tout le jour à la soie dont les moulins sont très curieux à voir. Il y a un bel ordre et beaucoup de propreté dans cette maison. C'est sur son modelle que l'hospital de Paris a esté basti. J'admiray les grands greniers de bled et de farine et la propreté des réfectoires et des chambres. Ils ont une chapelle bien bastie : le cardinal de Lyon (1), proviseur de Sorbonne, y est enterré. Cet hospital a cinquante mil escus de rente.

Je pris plaisir à voir le chasteau de Pierre-Ancise (2) basti sur un rocher escarpé d'une hauteur surprenante, proche la porte de Vèze, du costé de Paris. Le boulevart de St-Jean, qui est de l'autre costé est fort (beau) aussi.

Le mardy 18 nous allasmes voir la ville de Vienne, à six lieues de Lyon et prismes la commodité dn batteau sur le Rhosne qui est fort rapide. Il y a une autre voie qui est la poste aux asnes pour aller de Lyon à Vienne et en revenir, que je ne voulus pas prendre. Un Jacobin qui se trouva dans notre batteau, nous dit qu'il s'était présenté pour la prendre, mais qu'il ne le put faire, parce que l'on enfermoit tous les ânes après l'avoir veu, et que l'on ne voulut jamais luy en donner, les maistres alleguans qu'il estoit trop gros pour un asne.

(1) Alphonse-Louis du Plessis, cardinal de Richelieu, archevêque de Lyon, frère de Richelieu, homme d'Etat.
(2) Pierre-Scize.

XIII. — LES FRAUDES EN ARCHÉOLOGIE ET EN HISTOIRE

Il en est de l'archéologie et de l'histoire comme des espèces monétaires : elles ont souvent rencontré des faussaires qui, pour des raisons diverses, ont cherché à en altérer la vérité. Il m'a paru curieux de noter certains faits relatifs à cette triste tendance. Je n'ai point eu l'intention dans cette simple esquisse de généraliser des observations particulières, j'ai noté simplement, au hasard de la rencontre ou des souvenirs, certains faits bien caractéristiques.

Parcourons d'abord le domaine de l'archéologie; les surprises y sont d'autant plus faciles que la matière comporte une méthode moins rigoureuse. On connaît l'anecdote suivante racontée autrefois par un journal sérieux. Un paysan malin montre, un jour, à un archéologue de son voisinage, un tesson de pot ayant contenu de la moutarde et portant encore un fragment de l'inscription : « Moutarde de Dijon, X... propriétaire ». L'archéologue naïf, croit avoir découvert une inscription gallo-romaine et échafaude sur sa trouvaille toute une série d'hypothèses, mais il reste navré lorsque le paysan goguenard lui montre qu'il n'a sous les yeux qu'un vulgaire et prosaïque tesson de pot de moutarde. L'amateur interloqué jure de renoncer à l'archéologie qui expose à de tels mécomptes.

Le temps n'est plus où une pareille charge pouvait être racontée avec quelque chance d'être cru. Il s'est trouvé cependant des malins qui ont cherché à induire en erreur les archéologues de bonne foi. En voici quelques exemples typiques. M. Charles Lenormant possédait en Normandie une vaste maison de campagne. Il fait construire dans sa propriété, par des ouvriers sûrs, quelques restes de murs et un temple ruiné, puis annonce triomphalement qu'il vient de découvrir une chapelle qu'il décore du titre de Saint-Eloi, ainsi qu'un baptistère antique. Il invite la Société académique de l'Eure à visiter les fouilles. M. Lenormant avait compté sans la sagacité des membres de la compagnie. Celle-ci nomme une commission, et le rapporteur conclut contre cette opinion.

C'est en vain que François Lenormant auquel l'égyptologie et l'assyriologie doivent tant, essaie de venir à l'aide à son père ; la brochure qu'il publie pour tâcher de continuer la mystification (1) ne

(1) *De l'authenticité des monuments découverts à la chapelle Saint-Eloi*, 1855, in-8° avec fig.

convainc personne et il est forcé d'avouer que la farce n'a pas réussi.

Bien moins pure était l'intention du juif allemand Schappira, qui comme on dit vulgairement « travaillait dans le grand » ; c'était l'escroc habile qui voulait s'enrichir. Il y a une quinzaine d'années, il annonce mystérieusement aux conservateurs du musée royal de Berlin qu'il tient à leur disposition, pour une somme relativement modique, toute une série de statuettes de Tanagra. Flairant une bonne affaire, les administrateurs achètent de confiance, avant que Schappira n'ait fait de propositions ailleurs. Or, ces statuettes avaient été fabriquées de toutes pièces en Palestine et on a retrouvé plus tard l'Arabe chargé d'enfourner ; il s'était gravement brûlé le ventre en portant quelques-unes de ces statues qui maintenant embarrassent les greniers du musée de Berlin où on s'est empressé de les reléguer (1).

Quelques années plus tard, Schappira essaya d'un autre tour. Il apporta un jour aux *trustees* du British Museum de Londres un parchemin jauni par le temps où se lisaient des caractères hébraïques grossièrement formés. D'après lui ce n'était autre chose qu'un feuillet original du Deutéronome écrit par Moyse. Un chef bédouin, de ses amis, l'avait trouvé dans une tombe ; toutefois le bédouin étant mort on ne pouvait désigner exactement le lieu de la découverte. Schappira en demandait 40.000 livres sterling, soit 1.000.000 de fr. Les conservateurs demeurèrent ébahis, et il y avait de quoi. Partagés entre la crainte d'être trompés et le désir de posséder une pièce semblable, ils ne savaient à quoi se résoudre. Les journaux, naturellement peu compétents, poussaient à l'achat et celui-ci était définitivement résolu, lorsque survint un incident qui remit tout en question. Un de nos savants les plus éminents en matière d'archéologie sémitique, M. Clermont-Ganneau, entend parler de l'affaire ; promptement il se transporte à Londres et demande l'autorisation d'examiner le parchemin ; celle-ci lui est refusée alors que pendant plusieurs jours la pièce avait été exposée publiquement. Voulant tenter une dernière démarche, M. Clermont-Ganneau se rend dans le cabinet du conservateur ; le parchemin était sur la table ; on lui en refuse de nouveau communication, mais la minute pendant laquelle le savant français l'a eue sous les yeux, tandis qu'il causait avec le *trustee*, a suffi pour lui faire découvrir la fraude. Il écrit incontinent une lettre où il prouve que le feuillet de parchemin a été formé avec des marges blanches d'anciens manuscrits de synagogue et qu'on y aperçoit encore les points que mettaient en marge les scribes et dont ils se

(1) Clermont-Ganneau, *Les fraudes archéologiques en Palestine*. Paris, 1884, in-12 avec fig.

servaient ensuite pour tracer les lignes sur lesquelles s'écrivait le texte. Les Anglais ne voulurent pas croire tout d'abord à leur déconvenue ; ils s'y rendirent enfin et le marché en resta là (1).

L'histoire littéraire conserve aussi des exemples curieux d'erreurs ou de tromperies. Un homme qui a été bien abusé est l'abbé Domenech. Ayant été missionnaire au Texas, il avait une certaine teinte des langues parlées avant la découverte du Nouveau-Monde. Il lui tombe un jour sous la main un manuscrit qu'il croit contenir des hiéroglyphes mexicains, il obtient de Napoléon III de le publier aux frais de l'Etat. L'ouvrage édité luxueusement fut lancé en Europe ; ce fut un éclat de rire du côté des américanistes ; ce que M. Domenech avait pris pour des hiéroglyphes mexicains n'était autre chose que des dessins, parfois graveleux, tracés par un étudiant allemand vivant il y a quelques siècles. L'Etat s'empressa de retirer des bibliothèques publiques les exemplaires qu'il y avait déposés, et de les faire détruire (2).

M. Domenech s'était trompé. Henri Martin chercha un jour à abuser les autres. Il annonça pompeusement qu'il avait trouvé une poésie française très ancienne et il l'inséra dans un de ses ouvrages. La pièce eut un succès énorme et fut reproduite dans un grand nombre de livres classiques de littérature. De nombreuses années plus tard M. Henri Martin dévoila qu'il était lui-même l'auteur de la poésie ; la fraude, cette fois, avait réussi.

Ce fait rappelle la joyeuse aventure racontée tout dernièrement par l'érudit bibliothécaire honoraire de Lyon, M. Vingtrinier (3). Notre compatriote Arthur de Gravillon, voyageant avec M. l'abbé Dauphin, dans les Pyrénées, écrit sur le registre d'une auberge quelconque une courte poésie et signe : Victor Hugo. Le bruit se fait autour de cette signature ; les touristes accourent pour lire et admirer la poésie ; un professeur du lycée de Toulouse y conduit ses élèves ; les étrangers s'en mêlent et veulent acheter les vers inédits. L'hôtelier fait fortune, lorsqu'un jour, un américain déchire et vole la page fameuse. Quelque temps après M. de Gravillon se fait connaître comme l'auteur de la mystification.

A signaler aussi le procédé qu'employait le fameux Libri lorsqu'il voulait vendre un manuscrit qu'il avait volé dans quelque bibliothèque : il ajoutait sur un feuillet de garde ou en marge une annotation mensongère. C'est ainsi que la partie qu'il avait dérobée à Lyon du précieux Heptateuque et qu'il vendit à lord Ashburnham, porte

(1) *Bulletin critique*, 15 nov. 1883.
(2) Martin, *Catalogue des manuscrits de la Bibliothèque de l'Arsenal*, VI, 429.
(3) *Victor Hugo et M. de Gravillon, ou une mystification lyonnaise.* Lyon, A. Storck, 1900, in-8, 11 p.

que cet ouvrage provient d'un couvent de Padoue. Récemment, l'érudit administrateur de la Bibliothèque nationale, M. Delislé, soumettait des photographies à la compétence d'un des meilleurs bibliophiles lyonnais, pour résoudre le problème suivant. On offrait en vente un ouvrage imprimé à Lyon et qui portait une magnifique reliure aux armes de Marie Stuart. Habilement on avait falsifié une partie de la date du livre pour la faire concorder avec une année où vécut la reine d'Ecosse. Il fut facile de constater qu'il n'existait pas d'édition de l'ouvrage à cette date, que celle-ci avait été truquée et que, par conséquent, la reliure était apocryphe. On a su depuis qu'elle avait été fabriquée à Florence.

Il importe de signaler aussi le catalogue imprimé à Mons et dans lequel un auteur facétieux annonçait une prochaine vente de livres rares, provenant d'un ancien château. Le catalogue, qui lui-même devenu une curiosité, se vend assez cher, contenait une série d'ouvrages tellement inconnus qu'ils n'avaient jamais existé. Ce catalogue fictif, d'une vente qui naturellement n'eut pas lieu, obtint dans le temps grand succès et trompa beaucoup de bibliothécaires et d'amateurs.

A propos de catalogues il faut rappeler un procédé de libraires et d'antiquaires qui souvent frise la malhonnêteté parce qu'il est fait pour peser sur l'esprit de l'acheteur; ce stratagème est celui des exemplaires uniques. On annonce pompeusement la vente d'un ouvrage en ajoutant en gros caractère les mentions suivantes : « exemplaire unique », ou bien « ouvrage inconnu à tous les bibliographes » ou encore « la Bibliothèque nationale ne le possède pas ». Naturellement l'ouvrage est coté un prix formidable. Il est possible que le libraire soit souvent de bonne foi, mais il ne serait pas difficile aux spécialistes de montrer combien ces annotations sont fautives. Dans un récent catalogue allemand une *Vita Christi* de Ludolphe le Chartreux imprimée à Lyon par Matthieu Hus, le 1er mars 1493, est dite exemplaire unique et qui n'a jamais paru en vente ; or sans aller chercher au loin, la bibliothèque de la Grande-Chartreuse possède parfaitement la même édition. On annonce aussi un *Manuale ad usum Lausannensem* sorte de rituel suivi de *la médecine de l'âme à son dernier trespas compilé par benoist maistre Jehan Gerson*, comme exemplaire unique ; or, le hasard m'en a fait rencontrer tout dernièrement un second exemplaire au séminaire de Saint-Sulpice ; il est fort possible qu'on en trouve avant peu un troisième et même plusieurs autres. Peignot a, sans doute, écrit un volume où il signale les ouvrages disparus et les exemplaires uniques ; mais ce livre a près d'un demi-siècle et il serait à refaire car la bibliographie est une science qui fait des pas de géants.

Il n'est pas enfin jusqu'aux bibliographes qui ne doivent se tenir sur leurs gardes pour ne pas s'abuser. A propos d'une édition de Champier signalée par un bibliographe du siècle dernier, M. Allut avait émis des doutes et pensé à une erreur. M. Allut n'a pas été prudent ; il y a erreur, en effet, mais c'est lui qui la commet. L'édition existe parfaitement et elle a paru récemment à la vente du baron Pichon.

Concluons que lorsqu'on a pour soi une méthode sûre et exacte et qu'on pratique la prudence, on n'arrive pas facilement à être trompé et qu'on peut même souvent découvrir les fraudes qui cherchent à s'imposer.

XIV. — UNE ANCIENNE MOSAIQUE DE LA PRIMATIALE

Une revue, *La Terre-Sainte*, publiait récemment quelques notes sur une mosaïque qui décorait jadis l'abside de la Primatiale de Lyon. Voici à ce sujet quelques détails intéressants ainsi que quelques observations qu'il nous a semblé utile d'ajouter.

Cette mosaïque représentait Jérusalem. Or, on trouve dans les vers suivants du diacre Florus qui, au IXe siècle, faisait l'éloge de cette mosaïque, les traits principaux signalés par M. Pératé dans sa description de celle de l'église Sainte-Pudentienne, à Rome.

> Martyribus subter venerabilis emicat aula :
> Martyribus supra Christus rex præsidet altus,
> Circumstant miris animalia mystica formis
> Nocte dieque hymnis trinum inclamantia numen.
> Adstat apostolicus pariter chorus ore corusco
> Cum Christo adveniet certo qui tempore judex,
> Vivaque Hierusalem agno illustrante refulgens,
> Quatuor uno agitat paradisi flumina fonte.

(Florus, diacre de Lyon, *Carmina varia*, dans : Migne, *Patrol. lat.*, CXIX, 259).

Le lecteur attentif comprendra que la *Viva Jerusalem* de la mosaïque lyonnaise était non pas une Jérusalem céleste, idéale, mais une vue des monuments réels de la « Jérusalem qui est en la terre des vivants. »

En effet l'opinion commune localise la scène du jugement dernier dans le voisinage immédiat de la Ville Sainte.

Après avoir dessiné le Christ et les Apôtres déjà réunis pour les assister où comparaîtra le genre humain, le mosaïste chrétien devait naturellement songer à représenter tout auprès non pas la Jérusalem du ciel, mais celle de la Palestine. Et puisque d'affreuses calamités firent souvent appréhender l'imminence de la fin du monde, l'artiste pouvait regarder la Jérusalem terrestre, telle qu'elle était de son temps, comme celle qui serait bientôt témoin du redoutable drame.

Si, ajoute l'auteur, les riches bibliothèques de la ville de Lyon conservaient encore des renseignements précis sur le dessin, la description ou du moins l'âge de la *Viva Jerusalem*, qui, au IXe siècle, formait l'arrière-plan de la mosaïque absidale de Saint-Jean-Baptiste, on arriverait peut-être à des conclusions intéressantes. Mais, hélas ! cet espoir est certainement irréalisable car si ce document existait, il n'aurait certainement pas échappé aux investigations des érudits. Rappelons à ce propos que le plus ancien document d'archives que nous ayons à Lyon est du Xe siècle et qu'on possède encore quelques manuscrits des VIIIe et IXe siècles qu'on sait pertinemment avoir appartenu à l'église de Lyon à cette époque reculée.

XV. — UNE LETTRE INÉDITE

A Monsieur, Monsieur Deville (1), grand viquaire à Lion.

† ce 13 septambre

Monsieur

Je vous supplie de me faire la grace de permestre que ie me serve de Mr de Rive, viquaire de St-Paul pour me conduire et diriger pendant une retraite que ie dois faire ce moys icy. Il ne veust pas endreprandre de me randre cet office ny de me confesser sy vous ne le permettez ; ie vous supplie de me faire cette grace et selle de me croire avec le respec que ie dois, Monsieur,

Vostre tres humble et obeissante servante

Sr C. Daiguebonne

Supre (2) indigne.

(*Archives de M. M. N*).

(1) Vicaire général de Lyon au début du XVIIe siècle.
(2) Supérieure d'un couvent de Lyon non identifié.

XVI. — AU VATICAN

Un Manuscrit lyonnais. — La note suivante a été copiée dans un manuscrit de la Bibliothèque nationale, collection Moreau, tome 1216, folio 182 recto :

Notice et extrait du manuscrit cotté 3070 dans le catalogue des manuscrits de la Bibliothèque Ottobonienne au Vatican. Ce manuscrit, dans l'*inventarium* de la bibliothèque, est désigné : « *Vetus kalendarium Lugdunense cum nota bonorum capituli Lugdunensis. Codex membranaceus, in-folio, exaratus sæculo XII in fine aut initio sæculi XIII, constans fogliis 29.* » C'est un calendrier dans lequel sont marqués, jour par jour, tous les cens et redevances auxquels étoient tenus différens particuliers envers l'église de Lyon. A la fin se trouve une lettre de Grégoire X (du 22 avril 1275, où il affirme avoir été chanoine de Lyon et où il oblige tous les dignitaires du chapitre de Lyon àverser annuellement à la communauté un certain cens).

XVII. — MESSIMY

Croix à Messimy. — A Messimy se trouvent plusieurs croix anciennes. Tout d'abord celle-ci en beaux caractères gothiques.

MCCCCC
XXX
IAQVE
BELLE

Près de l'église une croix de pierre qui paraît être du XVIIe ou du XVIIIe siècle a perdu son inscription et se trouve en déplorable état. En face de la croix sur un blason se trouve l'inscription suivante dont le sens n'est guère compréhensible.

GCIFM
MENMLV
1641

Dans un carrefour voisin, une croix de pierre porte, à sa base :

1761
av (*sic*).

LYON. — IMPRIMERIE EMMANUEL VITTE, RUE DE LA QUARANTAINE, 18.

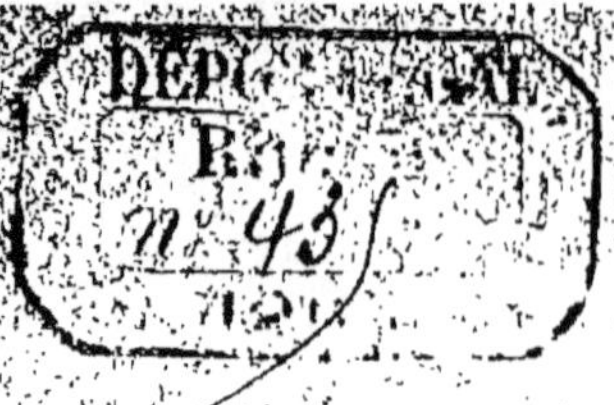

Mélanges

D'ARCHÉOLOGIE ET D'HISTOIRE

LYONNAISES

PAR

L'ABBÉ J.-B. MARTIN

PROFESSEUR D'ARCHÉOLOGIE CHRÉTIENNE AUX FACULTÉS CATHOLIQUES DE LYON

FASCICULE IV

SOMMAIRE

Les reliques de s. Porchaire à Montverdun (Loire). — Documents d'histoire lyonnaise. — Fresques et Tableaux de l'ancienne chartreuse de Lyon. — Les Religieuses Bernardines de Lyon à l'époque révolutionnaire. — Note sur les Cordeliers de l'Observance de Lyon. — Pose de la première pierre de l'église Saint-Louis-Saint-Vincent de Lyon. — Une promenade à travers Lyon au XVIIIe siècle. — Villeurbanne aux approches de la Révolution.

LYON

IMPRIMERIE EMMANUEL VITTE

18, rue de la Quarantaine, 18

1903

Extrait du *Bulletin historique du diocèse de Lyon*, 1903.

XVIII. — LES RELIQUES DE S. PORCHAIRE, à Montverdun (Loire).

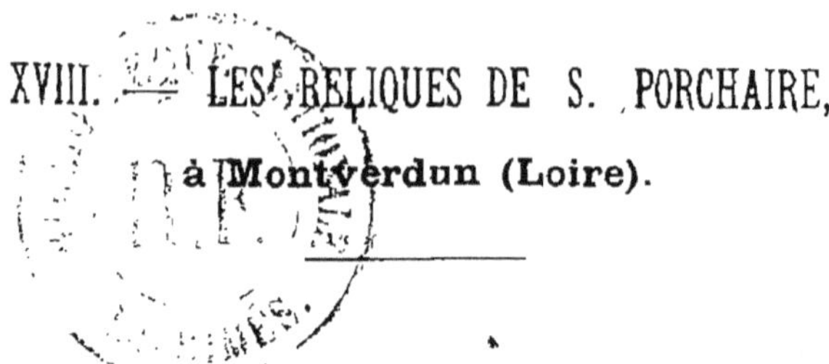

Les Bollandistes au 12 août, t. II, p. 737, ont donné d'après Surius la légende de s. Porchaire, abbé de Lérins. Ils l'ont fait précéder d'une notice sur s. Porchaire de Montverdun sur lequel il importe de dire quelques mots.

La légende de ce dernier prétend que s. Porchaire, abbé de Lérins, ayant vu tous ses religieux massacrés par les Sarrasins et ayant eu lui-même les yeux crevés, vint miraculeusement à Montverdun où, plus tard, il fut immolé par des païens. La légende de s. Porchaire, abbé de Lérins, dit, au contraire, formellement qu'il fut massacré, à Lérins, avec ses compagnons. D'où, un problème historique à résoudre. Est-ce le même personnage qui vraiment serait mort à Lérins dont les reliques auraient été apportées plus tard à Montverdun et dont la légende aurait été modifiée après coup? Y a-t-il eu deux Porchaire, un à Lérins, un autre à Monverdun, ce second ayant, par suite de confusion des noms, bénéficié du titre d'abbé de Lérins et d'une partie de la légende du premier? Les deux solutions sont soutenables. Mabillon (*Acta ord. S. Bened.*, III, II, 526) penche pour la première solution, Le Cointe (*Annal. Francorum*, IV, 727) et les Bollandistes ne se prononcent pas.

Notons toutefois que le martyre du Porchaire de Lérins doit être rapporté à l'an 739 et que celui du Porchaire de Montverdun paraît avoir eu lieu lors des ravages des Sarrasins dans le Lyonnais et le Forez, en 732. Si à cette raison on ajoute ce fait que le procès-verbal parle de la lance qui a servi à égorger Porchaire de Montverdun et qu'on conservait dans son tombeau, et cet autre que le Porchaire de Lérins était honoré le 12 août et celui de Monverdun le 19 août, on sera plus tôt incliné à adopter la seconde solution : un martyr local dont l'homonymie lui a fait attribuer la légende du Porchaire de Lérins.

Quoi qu'il en soit, nous publions, d'après une copie du XVIIe siècle, conservée aux Archives du Rhône (D, 419), deux procès-verbaux : l'un du 17 juin 1686, raconte la reconnaissance officielle des reliques par Camille de Neuville, archevêque de Lyon ; l'autre, du 21 mars 1687, offre le récit de la translation de ces reliques dans une châsse d'argent.

I. — Extrait, signé Verd, archiprêtre de Montbrison, et Vial, supérieur du séminaire d'Uzore, d'un procès-verbal, dressé le 17 juin 1686, par Monseigneur Camille de Neuville, archevêque et comte de Lyon, prieur commendataire du prieuré de Mont-Verdun, de la visite qu'il a faite des reliques de saint Porchaire, abbe de Lérins, patron et titulaire dudit prieuré, contenant l'état et le dénombrement d'icelles reliques et, à la suite, copie de la légende tirée du sanctoral trouvé avec lesdites susdites reliques.

Camille de Neufville, archevêque et comte de Lyon, primat de France, lieutenant pour Sa Majesté au gouvernement du Lyonnois, Forest et Beaujollois et commandeur des ordres du roy,

Scavoir faisons que ce jourd'hui 17e juin 1686 faisant notre visitte au lieu de Mont-Verdun dont nous sommes prieur commendataire, aurions visité les précieuses reliques de s[t] Porchaire, abbé de Lérins, patron et titulaire dudit prieuré et de la paroisse ; lesdites reliques reposans derrier le grand autel dans un petit tombeau de pierre de trois pieds et demy environ de longueur et desquelles nous avons remarqué qu'on avoit déjà enlevé une partie, pourcequoy obvier à l'avenir et aussi par un respect et vénération particulière que nous avons pour ledit saint, nous aurions fait un état et dénombrement des reliques dans le présent procès-verbal, dans le dessein de faire enchasser le reste desd. reliques qui se sont trouvées dans le tombeau, dans un reliquaire d'argent.

S'ensuit le dénombrement et dimension des dites reliques : 7 gros ossemens de pareille longueur d'environ 8 pouces ; 5 autres ossemens aussy de pareille longueur d'environ 5 pouces ; 3 autres petits ossemens dont il y a une partie du crâne, y en ayant une autre pareil du crâne du saint enchâssé dans une statue de bois ou buste représentant le saint, dans lequel buste sont aussi les deux prunelles de ses yeux qui se voient au travers d'un petit crystal.

Dans ledit tombeau nous aurions encor trouvé la lance avec laquelle ledit s[t] Porchaire eût la gorge transpercée ainsy qu'il est porté dans la légende de sa vie. Nous y aurions aussy trouve une partie de son suaire d'environ une aune de longueur et demy de largeur, ledit blanc et considérable par sa blancheur et netteté pour 996 ans environ que le martyre du saint est arrivé, audit lieu de Montverdun où il faisoit sa retraite dans une petite cellule.

Nous aurions enfin trouvé dans le tombeau un écriteau de parchemin en lettre gothique portant les paroles suivantes : *Requiescunt reliquiæ beati Porcharii gloriosissimi martyris, Lyrinensis abbatis.* Toutes lesquelles reliques après que les avons vénérées, avons remis dans le même sépulchre avec deffences sous peine d'excommunication *ipso facto* de l'ouvrir à l'avenir, ny d'en transporter les moindres parties sans notre ordre exprès et par écrit. Le tout en présence de Me Bédien-Morange, docteur de la maison et société de Sorbonne, théologal de l'église de Lyon, notre vicaire général et de Me Pierre Crochat, curé de la paroisse de Montverdun, et Me George Vial, supérieur du séminaire du Montduzore, de Claude Verd, curé de Lésigneu, archiprêtre de Montbrison, Claude Thevenin, curé de Trélin, et autres ecclésiastiques et personnes laïques, les jour et an que dessus.

S'ensuit la légende tirée du Sanctoral que nous avons trouvé avec les susdites reliques (1).

Sanctus Porcharius, monachus, pastor et abbas fuit 500 monachorum in insula Lirinensi, virtutibus præclarus et pollens meritis. Illo tempore paganorum exercitus Gallias atrociter invasit et christianorum strages plurimas fecit; et antequam paganorum illorum classis illo adventaret in loco ubi sanctus Porcharius erat, eidem oranti angelus Domini apparuit et ei tempus et diem prædixit ac horam eorum exitus omnibus imminentis, die videlicet septima sequenti. Facto igitur mane, beatus Porcharius convocans fratres, eis cuncta quæ viderat et audierat retulit, et quidam non credentes, quidam paventes, universi tamen turbati sunt hoc audito periculo. His inter se varia disceptantibus, instante vigilia matutina, vident hostile agmen venire; sancti vero agonistæ properant ire obviam hostibus, omnes induti albis tanquam agni immaculati Jesu Christi. Venerunt autem ministri Satanæ et coram beato Porchario, ut plus doleret, Christi athletas, sanctum Magnum et alios gladiis jugulaverunt. In quibus nullus auditus fuit strepitus, nec vox, nec gemitus. Sic ergo facti sunt victores diaboli et martyres Christi, qui cum felici profectu vitæ de hac luce ad æterna præmia migraverunt. Et peracto dicto scelere, sanctum Porcharium oculis orbaverunt; sed hoc sanctus Porcharius ad munus gloriæ sibi reputans, fortior factus est, in Dei amore disponens ab illa patria discedere et secreto nemora adire. Venitque ad locum qui

(1) Cette légende a été donnée par Le Cointe (*Annales Francorum*, ann. 732 n° 30) d'après une copie de La Mure; nous la publions de nouveau à cause de son importance et de sa brièveté.

Mons Verdunus dicitur in Forensi patria et diocesi Lugdunensi, in ipsoque loco composuit cellam, docens verbo et exemplo Christicolas ad se venientes. Sed venerunt impiissimi pagani et ad cellam ejus intrantes, virum sæviunt et lancea guttur ejus transfodiunt. Qui Dominum invocans et signaculo sanctæ crucis se muniens, sanctum emisit spiritum, ibique sepultus fuit, cujus intercessione divina Majestas ibi multa operatur miracula.

(*Signé* :) Verd, archiprêtre de Montbrison; Vial, supérieur du séminaire Duzor.

II. — Procès-verbal fait et dressé le 21 mars 1687, par Mre Morange, grand vicaire de Monseigneur l'archevesque de Lyon, commis par mondit seigneur archevesque, de la translation des reliques de saint Porchaire, d'un petit tombeau de pierre où elles étoient dans une châsse d'argent, et de la cérémonie qui s'est observée à cet égard.

Bedien-Morange, prêtre, docteur de la maison et société de Sorbonne, théologal de l'église de Lyon et vicaire général au spirituel et temporel de l'illustrissime et révérendissime Camille de Neufville, archevesque et comte de Lyon, primat de France, commandeur des ordres du roi et son lieutenant général au gouvernement de Lyon, pays de Lyonnois, Forest et Beaujolois, prieur du prieuré de Mont-Verdun, situé en la plaine de Forest.

Scavoir faisons qu'en exécution de la commission à nous donnée par mondit seigneur archevesque, du 17 décembre de l'année dernière, de nous transporter en son dit prieuré du Mont-Verdun, pour y faire conduire la châsse d'argent qu'il auroit fait faire pour y reposer les saintes reliques du glorieux martyr saint Porchaire, abbé de Lérins, natif dudit pays de Forest et patron dudit prieuré et paroisse de Mont-Verdun, où il a souffert le martyre après avoir eu les yeux crevés et arrachés en l'abbaye de Lérins. Nous serions arrivés audit lieu de Mont-Verdun, le 19 mars 1687 et, le lendemain, ayant fait préparer toutes choses pour la feste et solemnité de la translation desdittes reliques, nous aurions fait ladite solennité et translation le jour suivant, vendredy, 21 mars, jour de la feste de saint Benoît, de l'ordre duquel étoit lédit saint Porchaire, en la manière suivante.

Un clergé composé de vingt-trois ecclésiastiques, du nombre duquel étoient entre autres M. le doyen de Montbrison; M. Vial, supérieur du séminaire de Mont-d'Issour; M. Canières, curé de St-Etienne-le-Molard; Esserter, de Chazelles-sur-Lavieu; Thévenin, de Trélin; Lafay Dusay, de Cosan; Jacquette, curé de Marcilly; Crochat, curé de Mont-Verdun et d'autres curés, prestres et ecclésiastiques.

Ayant commencé l'office solemnel, nous serions allez au commencement de la grande messe, avec diacre et sous-diacre, chappiers et acholittes processionellement au lieu où étoient les saintes reliques derrier le grand autel, en un petit sépulchre de pierre fermé à clef d'où les ayant tirées avec respect et vénération, nous les aurions portées dans ladite châsse d'argent posée sur une table ornée, vis-à-vis du grand autel, au milieu du chœur de l'église, et aurions fait les encensemens auxdites reliques au milieu des encensemens ordinaires de la messe solemnelle. Et après midy, ayant chanté solemnellement les vespres avec le même clergé, nous aurions eu l'honneur de porter sur notre dos lesdites reliques posées sur un brancar avec Mr de Grésolle, chanoine et doyen de Montbrison, en procession faitte autour du chasteau, en dehors, le brancar des reliques étant sous un dais porté par quatre curez ou prestres avec des cierges et flambeaux et encensemens.

La procession finie, nous aurions fait encor accommoder et placer le plus proprement et décemment que nous avons peu (les ossemens) dans la châsse avec la lance dont le saint fut mis à mort et le reste de son suaire qui étoit parmy les ossemens dans le susdit tombeau de pierre, après quoy comme le dessus de lad. châsse n'est pas encore fermé, avec le corps et baze de ladite (châsse) et que la place où doit estre fermée ladite châsse dans le gros mur du chœur de l'église proche du maître autel, à costé l'Evangile, n'est pas encore grillée, et par conséquent ne peut être fermée à clef, nous avons remis laditte châsse avec les reliques qui y sont ajustées, au sieur Pierre Crochat, curé dudit Mont-Verdun, pour les avoir en sa garde et en répondre, en ce qu'il a promis et s'est ainsy chargé de ladite châsse en présence de tout le clergé susdit et du peuple assemblé.

Fait en l'église du prieuré du Mont-Verdun en Forest, le vendredi 21 mars, jour de la feste de saint Benoît, l'an de Notre-Seigneur 1687.

(Signé :) Morange, vicaire général; Gresolles, doyen; Canier, curé de Saint-Etienne; P. Crochat, curé; Vial, supérieur du séminaire de Mont-d'Uzore; Lesserter, curé de Chazelles; Thevenin; Lafay; Noel, curé des Champt; Forest, prestre; Mognier, prestre; Fanget, diacre; Robert Verdet, diacre; Guingard; Le Blanc; Esserter, sous diacre; Dusaugey, acolythe.

XIX. — DOCUMENTS D'HISTOIRE LYONNAISE

Plusieurs de nos églises paroissiales de Lyon ont été l'objet d'une monographie plus ou moins étendue. Il s'en faut pourtant qu'on ait épuisé tous les documents qui peuvent en éclairer l'histoire. C'est pourquoi il a paru bon de publier quelques-uns de ces documents officiels et authentiques qui contiennent des renseignements nouveaux ou peu connus.

On sait, par exemple, que l'église Saint-Polycarpe a été autrefois desservie par les Oratoriens. Le document ci-dessus indique dans quelles circonstances se produisit la venue à Lyon de ces religieux. C'est un acte dont la copie date du XVIIe siècle et se trouve à la bibliothèque de Lyon, fonds Coste, ms. 2688, aujourd'hui n° 272.

Le second document relatif à l'église des Trinitaires de Lyon est un titre original conservé dans le même fonds, ms. 2714, aujourd'hui n° 282.

I. — Etablissement des Oratoriens à Lyon (1616).

L'an 1616, et le 18 du mois d'octobre, monseigneur de Marquemont, lors archevêque de Lyon, qui fut après cardinal en l'année 1626, prélat d'une piété et d'un zèle extraordinaire, pour le bien de son église, ne croiant pas mieux être secondé dans ses pieux desseins que par les secours et les services que les prêtres de l'Oratoire lui pouvoient rendre dans son diocèse, il jeta les yeux sur eux pour les y appeler. Il s'adressa au révérend père de Bérulle, lors supérieur général de la congrégation de l'Oratoire, et ensuite cardinal, et lui demanda le révérend père Bourgoing, du depuis général de la dite congrégation, pour commencer un établissement de l'Oratoire dans la ville de Châtillon, d'où il prétendoit unir la cure à la maison qu'il prétendoit établir dans ce lieu, en permutant la dite cure avec le canonicat de l'église de St-Paul, dont le père Soulfour étoit lors pourvu; ce prélat, témoignant grande estime pour le dit révérend père Bourgoing à cause des grands fruits qu'il avoit fait dans le dit lieu de Châtillon par ses prédications et ses exemples.

Par la même lettre que le dit seigneur archevêque demanda l'établissement de l'Oratoire dans la ville de Chastillon, après qu'il a témoigné son peu de pouvoir pour ce qui étoit nécessaire à l'établissement de la maison de Lyon, et ce qu'il auroit voulu faire pour le commencement et le progrès d'icelle, il conclut néanmoins sa lettre très respectueusement au révérend père de Bérulle par la promesse qu'il lui fait de donner en son particulier et de son bien propre, la somme de mille livres de rente. Cette lettre de monseigneur l'archevêque est datée de Lyon, du 18 octobre mille six cent seize. Et comme il ne se trouve dans cette maison aucun titre de son établissement, ni de la part de messieurs du chapitre, ni de messieurs de la ville, ni même aucunes lettres patentes de sa majesté qui lui soient particulières, nous avons crû devoir insérer cy-après la dite lettre de monseigneur l'archevêque, ou du moins ce qui s'y trouve concernant notre établissement à Lyon, laissant ce qui y est étranger.

« Et puis de Chastillon nous reviendrons en cette ville [il écrit de Lyon au révérend père de Bérulle] où je suis d'avis que nous érigions la congrégation au plutôt et que nous commencions en la manière que nous pourrons. Car quand il y aura ici quelques pères qui auront planté la sainte Croix, et qui commenceront un peu à faire leurs exercices dedans et dehors la ville, il se trouvera plusieurs personnes qui aideront notre dessein, lequel de moi-même je ne puis promouvoir pour n'en avoir pas le moien, que plût à Dieu que je l'eusse, je ne laisserois pas le mérite de cette bonne œuvre à un autre. Mais je suis assuré qu'ils ne seront guères ici sans qu'il se découvre quelque moyen de les accommoder, comme déjà il y a quelque chose, outre la partie notable que vous y faites contribuer, dont il vous plût me parler à Paris. Ainsi mon avis seroit, qu'en attendant qu'on puisse avoir la maison verte ou autre commode, on prit cependant une maison à louage, en laquelle on commençât à faire quelques exercices. Vous ferez scavoir, s'il vous plaît, à celui que vous ferez supérieur à Chastillon, et si c'est le père Bourgoing ou un autre de la portée, après qu'il aura fait l'établissement en ce lieu-là, il pourra venir faire celui de cette ville, et y demeurer supérieur. Et je ne doute point qu'en peu de jours, quand nous nous y appliquerons à bon escient, nous ne trouvions des expédients dont vous aurez contentement, et desquels, après que nous vous aurons donné avis, vous nous acorderez cette bénédiction de venir ici pour mettre la première pierre de cet édifice au spirituel et au temporel, et pour visiter et bénir en même temps vos enfans et vos fils, et moy qui vous ay autant d'obéissance et de respect qu'aucun des uns ou des autres, vous honorant de toute l'affection de mon âme et vous suppliant de me donner toujours part en vos bonnes prières, et me croire ce que je suis et serai fort volontairement toute ma vie, monsieur, votre très humble et très affectionné serviteur et confrère. Denis, archevêque de Lyon.» Et à côté est écrit : « Monsieur, je crois que vos Pères vous ont fait savoir ce que j'ai toujours offert de contribuer à la maison que vous érigerez en cette ville. C'est mille livres que j'entends y donner tous les ans tant que je vivrai : je suis toujours en cette même volonté. Et si je pouvois davantage je le ferois bien volontiers.» Et au bas est écrit : « de Lyon, ce 18 octobre, mille six cent seize. » Et au dos est écrit : « monsieur, monsieur de Bérulle, supérieur de la congrégation de l'Oratoire à Paris » et cachetté d'armes.

Cette première lettre de monseigneur l'archevêque fut suivie d'une seconde par laquelle le dit seigneur archevêque marque expressément au révérend père de Bérulle qu'il n'est pas nécessaire d'obtenir aucunes lettres patentes pour l'établissement de la maison de Lyon, parce que les m^rs de Lyon étoient portez de bonne volonté pour nous, et qu'ils ne nous donneroient aucun trouble dans l'exécution de nos desseins que monseigneur d'Halincourt, lors gouverneur de la ville, appuyeroit cet établissement de sa protection, et que pour cependant il avoit choisi un corps de logis auprès de l'église de St Jean, où l'on pourroit commencer les exercices acoutumés dans les autres lieux de la congrégation. Cette seconde lettre est dans une boette de nos archives aussi bien que la première. En l'année mille six cent vingt-six, le dit seigneur archevêque ayant été promu au cardinalat, écrivit encore une lettre toute pleine de bonté et d'amitié pour la congrégation, témoignant lui vouloir toujours continuer cette grâce et la protéger dans tous ses besoins. Cette troisième et dernière lettre est encore en original dans nos archives, et toutes les trois sont un témoignage que non seulement il donna son consentement à ce que les prêtres de l'Oratoire fussent établis dans cette ville, mais encore de l'estime particulière qu'il avoit pour leur congrégation.

En suite des lettres du dit seigneur cardinal de Marquenont, archevêque de Lyon, dans les années 1616 et 1617, l'établissement de l'Oratoire fut fait dans la ville de Lyon, et leur première maison d'habitation fut dans le cloître de St Jean appellé la manécanterie, ou m^rs les comtes leur donnèrent le soin d'élever les enfans de chœur et les diacres habituez de leur église dans la piété et les principes de grammaire. Et pour cet effet le 10e juillet de l'année 1618, messire Antoine de Gibertas, archidiacre, Hector de Cremaux et Thomas de Meschatin-Lafaye, chamarier, chanoines et comtes de l'église de Lyon, tous députés par acte capitulaire dudit jour, passèrent transaction avec le Père Jean Bence, supérieur de l'Oratoire de Lyon acceptant, par laquelle il fut convenu que les prêtres de l'Oratoire se chargeroient de l'instruction et de la nourriture des enfans de chœur, des clercs ou diacres de leur église, lesquels enfans de chœur seroient au nombre de douze et les clercs ou diacres au nombre de quinze. Et ou le dit nombre seroit augmenté, il seroit aussi donné cent livres tournois pour chacun des diacres ou clercs qui seroient ajoutez audit nombre.

2° Que lesdits sieurs comtes leur donneroient un maître de cérémonies pour instruire lesdits clercs en icelle et que les prêtres de l'Oratoire donneroient cinq personnes, scavoir : un supérieur pour la conduite de la maison et économe, un régent pour la grammaire, un portier et deux frères servans, tous lesquels contribueront à élever lesdits clercs en la piété, bonnes mœurs, en la grammaire, lettres humaines, cas de conscience et apprendre le pseautier par cœur.

Pour lesquelles charges lesdits sieurs comtes s'obligent à payer annuellement aux prêtres de l'Oratoire, scavoir pour les douze enfans de chœur, 966 livres payées par avance par quartier ; et pour les quinze clercs, la somme de 1.500 livres aussi par avance, de quartier en quartier, quatre minots de sel chaque année et plus encore, si besoin est. Et outre ce que dessus lesdits comtes se chargent de pourvoir lesdits prêtres de l'Oratoire, de tables, lits, matelas, linge, ustensiles et de tout ce qui sera nécessaire pour l'ameublement de leur maison, suivant le nombre susdit des personnes. Le tout sous l'autorité et la disposition desdits sieurs comtes, est du dixième juillet, mille six cent dix-huit, reçu par Givins, notaire à Lyon, et se trouve dans nos archives.

Après l'établissement que messieurs de Saint-Jean eurent fait des prêtre de l'Oratoire dans leur maison susdite, monseigneur l'archevêque de Lyon, successeur du seigneur cardinal de Marquemont, voulant seconder les bons desseins de son prédécesseur et de messieurs de son chapitre, il voulut gratifier les prêtres de l'Oratoire du don qu'il leur fit à perpétuité d'une grande salle et des chambres au-dessus d'icelle pour leur plus grande commodité et pour loger les ecclésiastiques qu'il trouveroit bon d'y mettre sous leur conduite, en leur donnant ce qui seroit raisonnable pour leur entretien ; ledit seigneur archevêque se réservant dans ledit logement une chambre pour luy et ses successeurs, quand bon leur sembleroit de s'y retirer. Ce don fut fait le 29 juillet par un acte signé Guibour qui se trouve dans nos archives.

Tous les dons susdits furent faits en conséquence, et pour preuve de l'agrément que messieurs les archevêques et comtes de Lyon témoignèrent pour l'établissement des prêtres de l'Oratoire dans cette ville.

Quoiqu'on eût accepté pour première habitation la maison que messieurs les comtes donnèrent aux prêtres de l'Oratoire dans leur cloître pour l'instruction des élèves de leur église, on avoit pourtant déjà fait l'acquisition de la maison verte pour y commencer les exercices de la communeauté, l'année auparavant qu'on acceptât la maison susdite de messieurs les comtes, laquelle acquisition fut faite le neuvième janvier 1617, auquel temps on prit possession de ladite maison verte. On y célébra la messe à un petit oratoire répondant sur la rue, à la minuit du jour de Noël et le lendemain, jour de saint Etienne, monseigneur l'archevêque envoia un calice et un missel avec quatre-vingts pistoles à la maison, lesquelles servirent à mettre un oratoire en état pour y faire les exercices en public.

On fut pourtant peu de temps, c'est-à-dire cinq ou six ans, dans ladite maison verte pour être exposé à l'air et au bruit du grand chemin public venant de la Croix-Rousse qui est au pied d'icelle, et l'on trouva à propos d'acheter la maison acquise du sieur François, où est à présent le séminaire ancien qu'on a augmenté du depuis de quelques maisons joignantes, où l'on bâtit l'église qui y est encore à présent, dans laquelle on a fait durant longtemps tous les exercices ordinaires de la Congrégation, et où les séminaristes ont fait depuis les leurs durant longues années.

Mais comme c'étoit un lieu fort écarté et très incommode à l'abord du peuple pour être dans une situation fort obscure et presque au plus haut de la ville, l'on jeta les yeux sur la grande maison où l'on est à présent, qu'on appeloit pour lors la maison de Lespinasse ou du Grifon, pour l'acquisition de laquelle feu monseigneur Seguier, chancellier de France, promit sa protection et d'employer son autorité auprès de Sa Majesté et de monsieur le cardinal de Richelieu pour en obtenir la somme de dix mille livres, lesquelles furent accordées en faveur de la communauté et reçues par les soins du feu père Mazenod pour lors supérieur d'icelle.

L'acquisition de cette maison de Lespinasse fut faite en l'année 1642. Et parce que feu monseigneur le cardinal Alphonse de Richelieu, archevêque de Lyon pour lors, avoit auparavant jetté les yeux sur cette maison pour la faire achetter aux Ursulines qui sont au voisinage, on trouva à propos de représenter audit seigneur cardinal les incommoditez qui se trouvent dans ladite maison, où est à présent l'ancien séminaire, et d'obtenir de Son Eminence la permission de se loger dans un lieu moins incommode à la communeauté et à la dévotion du peuple, laquelle permission fut accordée et se trouve insérée dans nos livres et archives.

Nonobstant cette permission, on ne laissa pas de demeurer encore quelques années dans le même lieu où l'on étoit auparavant et même après l'acquisition faite de ladite maison de l'Espinasse, on la donna à louage à monseigneur le prince Charles Barberin, qui y logea queltemps avec messieurs les cardinaux François et Antoine Barberin ses oncles, après quoy, environ vers l'an 1654 ou 55, la communeauté trouva bon de prendre possession de ladite maison pour la plus grande commodité du peuple; on fit une chapelle au bas jardin d'icelle en l'état où elle est présentement, tournant à la rue appelée de la Vieille-monnoie, où l'on a continué du depuis les fonctions qui se font ordinairement dans les autres maisons de la congrégation, en attendant que la grande église neuve qui est commencée depuis quelques années soit achevée.

C'est en ce temps-là que monseigneur Camille de Neuville, archevêque de Lyon, eut dessein de donner son séminaire à l'Oratoire pour les ecclésiastiques de son diocèse, dans lequel il voulut qu'il y eût trois prêtres et trois frères servans, ayant promis pour les trois prêtres la somme de neuf cents livres et six cents pour les trois frères servans, faisant en tout la somme de quinze cents livres de rente par acte du 5 novembre 1654, reçu par Ravat, notaire; cet acte est dans nos archives.

II. — Institution de la confrérie de la Bonne-Mort dans l'église des Trinitaires de Lyon (17 octobre 1690).

Bedien Morange, prestre, docteur de la maison et société de Sorbonne, théologal de l'église de Lyon, prieur et comte de Saint-Jean-hors-les-murs-de-Genève et vicaire général au spirituel et temporel d'illustrissime et révérendissime messire Camille de Neufville, archevesque et comte de Lyon, primat de France, commandeur des ordres du roi et son lieutenant général au gouvernement de la ville de Lyon, provinces de Lyonnois, Foretz et Beaujollois. Sçavoir faisons que, sur ce qui nous a été représenté par les RR. PP. ministre et religieux réformez de l'ordre de la Sainte-Trinité et Rédemption des captifs de cette ville que, depuis quelques années, ils auroient, de notre consentement, solemnisé dans leur église une octave des morts de laquelle par les prédications, oraisons, offices, et l'exposition du très saint sacrement, tout le public auroit reçeu une très grande édification, ce qui auroit porté plusieurs personnes de piété à témoigner un grand zèle à perpétuer une si sainte dévotion pour le soulagement des âmes du purgatoire. A raison de quoy on nous auroit demandé avec beaucoup d'instance l'établissement d'une confrérie dans l'église desdits pères Trinitaires, afin que, par ce moyen, on n'y travaillast pas moins à la délivrance des pauvres âmes des fidelles, détenues captives dans les flammes du purgatoire, que les bons pères, tant par leurs soins et leurs peines, que par la confrérie de la Sainte-Trinité, travaillent toujours avec ferveur à la rédemption des captifs détenus cruellement dans les prisons de Barbarie. Sur quoy lesdits pères auroient déjà obtenu de notre saint père le pape Alexandre huitième, des bulles d'indulgence à perpétuité pour ladite confrérie sous le vocable des âmes du purgatoire, en date du treizième de février dernier, dont ils nous supplioient très humblement de permettre la publication dans leur forme et teneur, et d'établir auparavant ladite confrérie des morts, avec pouvoir d'y recevoir les fidelles de l'un et l'autre sexe, et y faire toutes les fonctions ordinaires et accoutumées.

Veu lesdites bulles d'indulgence deuement expédiées et plombées, nous, vicaire général de Lyon susdit, pour la plus grande gloire de Dieu, la sanctification des fidelles, et le soulagement des trépassez voulant favoriser et seconder la pieuse intention desdits religieux Trinitaires, avons institué, érigé et estably, instituons, érigeons et établissons par ces présentes, à perpétuité, une confrérie sous le titre des âmes du purgatoire; laquelle nous affectons spécialement à la chapelle et autel de saint Roch dans leurdite église, avec permission auxdits religieux d'y recevoir les fidelles de l'un et l'autre sexe qui voudront y estre aggrégez, et auxdits fidelles de s'y assembler pour les exercices de dévotion et œuvres de piété qui s'y feront, leur permettons de faire publier lesdites bulles d'indulgences, selon leur forme et teneur; désignons pour le jour principal de ladite confrérie le jour des morts, et pour les quatre jours portez par la bulle, nous désignons le premier dimanche de l'avent, le second d'après les Rois, le premier de carême et le troisième d'après la pentecoste, auxquels jours ils pourront exposer le saint sacrement, prêcher et donner la bénédiction. Approuvons d'abondant la solemnité qui s'est faite jusqu'ici de notre autorité, pendant l'octave des morts, laquelle nous désirons extrêmement estre continué dans ladite église, pour l'édification des fidelles; exhortant lesdits pères d'observer toujours en ladite solemnité les dévotions particulières qui s'y sont si exactement pratiquées jusqu'à présent, sçavoir : 1°, que tous les matins, durant l'octave, entre cinq et six heures, on célèbre une messe basse en faveur du menu peuple avant laquelle immédiatement on fera la prière du matin des familles chrétiennes et durant laquelle on expliquera les cérémonies de la messe, et à la fin on y donnera la bénédiction du très saint sacrement; 2°, qu'à neuf heures précises on dise la grand' messe, soit à l'autel privilégié, soit au grand autel, en voilant le saint sacrement; 3°, qu'on fasse tous les jours l'office solemnel pour les morts à trois nocturnes, sans lesquels il ne seroit pas solemnel; 4°, qu'il y ait une prédication à trois heures après midy, ensuite la méditation du quart d'heure sur la passion de notre Seigneur, et à la fin la bénédiction du très saint sacrement; et enfin que tous les dimanches de l'année, à la fin du quart d'heure de la méditation sur la mort et passion de notre Seigneur, qui est fondée en ladite église pour tous les dimanches on chante le *De profundis* en faux-bourdon comme il s'est chanté cy-devant dans l'octave des morts pour exciter les fidelles à se ressouvenir, durant le cours de l'année, des pauvres âmes du purgatoire : *miseremini mei, miseremini mei, saltem vos amici mei.*

Et sera ladite confrérie des morts, sujette et soumise à perpétuité, à la pleine et entière authorité, jurisdiction et visite de mondit seigneur l'archevesque et de ses successeurs archevesques de Lyon.

Donné à Lyon, sous le scel archiépiscopal, ce dixseptième d'octobre, mil six cent quatre-vingt-dix.

(*Signé*) : Morange, *vic. général.*

XX. — FRESQUES ET TABLEAUX DE L'ANCIENNE CHARTREUSE DE LYON

L'histoire des beaux-arts à Lyon ne pourra se constituer définitivement que par une série de monographies appuyées sur des textes sérieux. Voici une utile contribution qui se rapporte à l'église et au couvent de l'ancienne chartreuse de Lyon : ce sont deux procès-verbaux trouvés à la Bibliothèque de Lyon, fonds Coste, manuscrit 2644, nouveau n° 265. Ils contiennent la liste et la description de peintures et de fresques exécutées par François Perrier, artiste bourguignon, travaillant à Lyon. Les fresques ont toutes disparu ; un des tableaux se trouve encore en place dans l'église. Il est vrai qu'au XVIIIe siècle, l'église s'enrichit de nouvelles peintures qu'on y voit encore aujourd'hui, c'est peut-être ce qui explique, avec la tourmente révolutionnaire, la disparition des œuvres de François Perrier.

Pour terminer et comme appendice, nous donnons une liste, probablement inédite, des prieurs de cette chartreuse, tirée du même fonds, ms. 2645, nouveau n° 265.

I. Liste des tableaux peints à fraisque contre la muraille du petit cloistre de la chartreuse de Lyon par mons. François Perrier, bourguignon.

Ces tableaux à fraisque ne sont pas tous faits par ledit sieur Perrier on les marquera ici suivan leurs chiffres ou numéraux cottez au-dessus.

2° Saint Bruno paraît ici dans une chambre, assis sur une chaise à bras, vêtu d'une sotane noire et d'une robe de chambre violette doublée de rouge; il exhorte ses compagnons, qui sont auprès de lui, à quitter le monde. On voit par une ouverture de la chambre, un lointain où le cadavre du damné est donné en proye au démon et aux oyseaux du ciel.

3° Trois anges apparaissent la nuit à saint Bruno, deux de grandes tailles sont au pied du lit, et le troisième, un peu brun, à costé de son chevet, qui lui montre une gloire, où sont quelques anges dans la partie la plus éclairée. L'un d'eux pose une croix, c'est celui que saint Bruno regarde.

4° Le sujet du tableau est l'entrevue de saint Bruno avec un ermite dans son ermitage. Saint Bruno, vêtu en voyageur, luy baise la main, aprez lui, suit immédiatement un de ses compagnons, les autres sont un peu plus éloigner, marchans dans le fond d'une valée.

5° On voit dans celuy-ci saint Hugues, évêque de Grenoble, dormant couché sur plate, revêtu de ses habits pontificaux et en rase campagne (disposition peu convenable). Dans le ciel on découvre les 7 étoiles qui désignent le songe qu'il eut durant son sommeil: dans le lointain le Père éternel paraît assis sur des nu commandant aux anges qui construisent quelque grand édifice, dont il parait un dôme et quelque commencement d'église.

7° C'est la représentation d'une vêture. Dans le bas du tableau saint Hugues auprès d'un autel au-dessus duquel est une Notre Dame en forme de tableau, donne l'habit à deux des compagnons de saint Bruno. Celuy-ci déjà vêtu avec quatre autres parait au-delà du plan du tableau. Les seines et les figures étant diminuées, saint Bruno aussi bien qu'un autre est assis sur un gazon ou motte de terre, tenant une croix entre les mains; deux autres sont debout et un à genoux. Le haut du tableau est composé d'une gloire où l'on voit Notre Seigneur, David jouant de la harpe et deux petits anges dont un a, entre les mains, un livre, et l'autre un lut.

8° Dans le bas du tableau, il y a deux chartreux, peints avec beaucoup de force. L'un est à genoux contemplant une tête de mort posée sur un cube, sur laquelle il tient la main. L'autre est prosterné, son chapelet entre les mains; dans une coupe plus haute du tableau, il y a de même deux chartreux touchez avec moins de force que les deux précédens dont l'un prend la discipline, et l'autre lit un livre; dans une coupe plus haute, il s'élève une montagne percée à jour en forme d'arc ou de pont sur lequel est saint Bruno à genoux, ravi en extase, regardant la sainte Vierge qui lui apparaît dans le ciel. Dessous l'arc, il y a un lointain, couleur dinde, où paraissent deux chartreux auprès de quelques rochers.

9° On voit ici le pape Urbain revêtu d'une soutane blanche avec un surplis, et par dessus, le camail rouge que les Romains appelle *mozetta* et la calote rouge *bireto*, les souliers de même rouges; il est assis sur un fauteuil, saint Bruno et ses compagnons au pied du pape, qui les reçoit à bras ouvert.

10° C'est saint Pierre qui présente à un chartreux l'office de Notre Dame d'une main, et de l'autre indiquant la même Vierge dans un ciel environné de quelques nuages; dans le lointain il paraît un chérubin tenant en main un faisceau de foudres et de flammes qui chasse le démon du désert de Chartreuse.

11° Le pape Urbain assis sur son trône avec la tiare entouré de prélats, tous vêtus pontificalement, fait offrir par un camérier ou clerc la croix et la mitre à saint Bruno.

13° Saint Bruno révèle en songe au comte de Calabre la trahison d'un de ses capitaines, un ange environné de lumière tient un bout du pavillon où dormait le comte, qui tout surpris regarde saint Bruno au costé gauche de l'ange; de l'autre costé du pavillon sont trois gardes endormis. Celui qui est le plus en veuë dort appuyé sur un coffre à bahut couvert de lames de fer. On voit dans le lointain venir le traitre avec sa compagnie.

II. Dénombrement des tableaux que monsieur François Perrier, bourguignon, a fait dans la chartreuse de Lyon et leur disposition.

Il y en a huit sur la toile, peints à l'huile :

1° Le premier, qui est le tableau de l'autel du chapitre, haut de neuf pieds de roy sur sept pieds de large, est un christ mourant ayant à ses costez la sainte Vierge et saint Jean; saint Antelme, chartreux, est au pied de la croix à genoux, qu'il embrasse. Le ciel est un ciel ténébreux, où l'on voit trois testes d'ange et un petit ange tout entier joignant les mains; on reconnoit sur leur visage leur passion. *Angeli pacis amare flebunt.* Une partie de la ville de Jérusalem et au-delà une chaîne de montagnes de couleur dinde fort obscure font l'enfoncement du tableau.

2° Le deuxième tableau est celuy de l'autel de la chapelle de saint Antoine, haut de huit pieds de roy sur six de large. Il représente Notre Seigneur priant au jardin des olives à genoux et incliné (touché assez foiblement); au-dessus est un ciel sombre où paroit un ange environné de lumière étendant sa main gauche vers Notre-Seigneur et la droite penchante le long de son côté sans calice. Le bas du tableau est occupé par les trois apostres pris du sommeil.

Saint Pierre assis, appuyé le coude droit sur une grosse pierre qui a la forme d'un cube, soutenant de la main sa joüe gauche, et laissant tomber la main gauche sur le même cube. Saint Jean paroit de l'autre costé du tableau couché de son long, et saint Jacques au milieu assis, la teste renversée, sur le penchant d'un espèce de tertre. La draperie de ces trois apostres est celle dont on les peint d'ordinaire. A costé du tableau, au-dessus de saint Jean, il y a un petit lointain avec un groupe de soldats qui marque comment Judas entra dans le jardin.

Ces deux tableaux ont été faits les derniers, scavoir l'an 1631 et sont les plus estimez.

Deux autres tableaux d'égale hauteur et largeur portant chacun cinq pieds et demi de roy de haut sur quatre pieds de large, sont enchassez dans le lambris de menuiserie qui sépare le chœur des frères d'avec celui des pères et font chacun la face de deux autels.

3° Celui du costé gauche en entrant, est la décollation de saint Jean Baptiste dont le corps est aux pieds de deux bourreaux : l'un présente la teste de ce saint à la fille d'Hérodias tenant un bassin, et l'autre le délie. Les autres deux figures sont un garde sur le pas de la porte de la prison, et l'autre un officier présent à l'action.

4° L'autre tableau, qui est à main droite en entrant, est un saint Joseph assis tenant l'Enfant Jésus debout, d'une main sous les pieds, et de l'autre par le milieu du corps comme l'embrassant ; au-dessus, sont de petits anges qui courbent et fléchissent des palmes vers le saint Enfant Jésus comme pour se jouër. La sainte Vierge paroist à costé assise, lisant dans le livre ouvert que tient un ange debout de la taille d'un jeune homme de quinze ans.

5° Le tableau du réfectoire qui est le plus grand de tous contenant sept pieds de roy de hauteur sur dix pieds et demi de longueur, représente la cène. Le fond du tableau est une architecture veuë de fron où sont trois niches avec des figures. Sur des pieds d'estaux, à costé du tableau, est une partie d'un pilastre d'ordre toscan avec son pied d'estail. Le point de veuë où tendent les moulures de la base du pilastre et du chapiteau du pied d'estail est le milieu du tableau où est notre divin Sauveur ; dans l'autre costé du tableau est une cheminée ; au bas du tableau sont deux grandes urnes, dont l'une est en forme de bassin ou de cuve pour recevoir l'eau ; l'autre en forme d'aiguière à deux anses. Les douze apostres sont couchez sur un tapis, suivant l'ancienne façon dont on prenait les repas. Il y a, outre les douze apostres, deux ou trois personnages fournisseurs ou officiers de cuisine. Le tableau quoique très bien disposé n'entre pas au goust de quelques connoisseurs, qui y remarquent quelques figures mal proportionnées, particulièrement les pieds de Judas. M. Perrier a fait celuy cy devant les précédans, à scavoir l'an 1629. Dans tous ces cinq tableaux il a mis son nom, mais on ne le trouve pas dans les trois qui suivent.

6o Le sixième tableau est dans le chapitre vis à vis le crucifix dont nous avons déjà parlé, il est posé immédiatement sous l'arc de la voûte dont il prend par conséquent le tour, pour la partie qui est au-dessus, il est haut de cinq pieds de roy et long de neuf. C'est un groupe de plusieurs figures, grandes et petites. Saint Anthelme, évêque, est au milieu, qui ressuscite un mort qui paraît à ses pieds piqué par un vipère, un clerc est à la droite de saint Anthelme tenant un chandelier, derrière et à costé est un morceau d'architecture, dans l'autre bout du tableau est un paysage.

7o Le septième tableau est dans la chapelle du très v. p. d. prieur. C'est Notre Seigneur Jésus Christ mort sur la croix. Sainte Magdeleine, assise sur terre, tenant ses mains en croix contre le genoux droit, lève les yeux, touchez fort tendrement, vers Notre Seigneur attaché à la croix. Saint Bruno paroit, au pied de la croix, dans la même attitude que saint Anthelme dans le tableau du crucifix du chapitre.

8o Enfin, le huitième tableau sur la toile, à l'huile, est dans la chambre du même v. p. d. prieur. C'est une Vierge tenant le saint Enfant Jésus; au bas du tableau est un saint Bruno qui luy offre la maison sous le yéroglyphe d'un lys qu'il tient à la main; dans la même tige du lys est une rose et un œillet. On croit que ce symbole représente la maison par le lys; par la rose le prieuré de Rosier, et par l'œillet la chartreuse de Poletens, unie à la chartreuse de Lyon, qui porte le (*sic*) du lis Saint-Esprit (*domus liliorum Sancti Spiritus*). C'est pour ce sujet qu'au-dessus de Notre-Dame du même tableau la peintre a mis un Saint Esprit sous la forme de colombe. La maison fut commencée par Henry III, instituteur des chevaliers du Saint-Esprit. Il y a dans le même tableau une chartreuse en petit, mais qui n'a aucune ressemblance à celle de Lyon. Il y a encore quelques anges dans le ciel du tableau.

Dans la base du rétable du maître-autel, il y a plusieurs petits tableaux à l'huile sur le bois, tous du même Perrier. Les plus grands qui sont peut-être au nombre de dix-huit, ont environ huit ou neuf pouces en un sens et de l'autre quatre ou cinq. Celui qui répond au milieu de l'autel représente la circoncision où l'on voit l'Enfant Jésus étendu sur un coussin rouge cramoisi le prestre tenant ses mains sur le corps de l'enfant comme en disposition pour faire l'opération. La sainte Vierge est d'un costé, saint Joseph de l'autre et quelques autres personnes.

Dans les autres deux parties du rétable qui répondent *ad utrum-*

que cornu altaris, il y a la nativité de nostre divin Sauveur, la sainte Vierge, saint Joseph, un ange et quelques pasteurs ; dans le tableau qui suit, on voit un ange qui porte cette inscription : *Gloria in excelsis Deo* et au bas deux pasteurs ; de l'autre costé, qui est celui de l'épistre, il y a l'adoration des roys dans le premier et dans le suivant est la fuite en Egypte, où l'on voit la sainte Vierge assise sur un âne et saint Joseph marchant devant. Dans les deux petits autels, il y a d'un costé l'ange qui annonce le mystère de l'incarnation et de l'autre la sainte Vierge dans son prie-Dieu. Les petits espaces qui sont entre les piedestaux sont occupez par les quatre docteurs de l'église. Les quatre tableaux ont chacun environ deux pouces en quarré.

Les autres tableaux qui sont dans le retour du rétable et sur les austelz représentent le martyre de nos pères en Angleterre sous Henry VIII où l'on voit différents tourments : les uns trainez sur une claye, les autres fendus par le milieu du corps, les autres attachez à une potence, les autres dans des chaudières bouillantes, les autres en prison, etc.

III. Mémoire des noms des T. V V. PP. prieurs de la Chartreuse de Lyon depuis sa fondation.

1582, dom Jérôme Marchand.
1587, dom Bazemont.
1590. dom Jean Tuxain.
1591, dom Jérôme Schelzoom.
1592, dom Gilbert de Launay.
1593, dom Antoine de Saint-Paul.
1596, dom Thomas Coquebart.
1606, dom Bernard Barjot.
1615, dom Claude Dehec, recteur.
1617, dom Pierre Serval.
1620, dom Léon Tixier.
1644, dom Christophle d'Outreleau.
1655, dom Gabriel Petitjean.
1660, dom Louis Hedou.
1664, dom Léon de Franqueville.
1676, dom Bruno Jayr.
1686, dom Guillaume Bergoin.
1704, dom Claude Guichenon.
1715, dom Jean Ange Colomby.
1730, dom Claude Guinet.
1734, dom Gabriel Prenel.

J.-B. MARTIN.

XXI. — LES RELIGIEUSES BERNARDINES DE LYON
à l'époque révolutionnaire.

On sait que lorsque la Convention eut décrété la suppression des ordres religieux, elle offrit une pension aux moines et aux religieuses qui voudraient rentrer dans le monde. Plusieurs acceptèrent ces propositions, mais d'autres en grand nombre les rejetèrent. A Lyon notamment, la résistance fut assez générale, surtout dans les couvents de femmes; les deux doouments qui suivent (1) donnent raison à notre assertion.

I. Ce jourd'hui, vendredi, 7 janvier 1791, nous Antoine Nivière-Chol, et Antoine Chapuis, officiers municipaux de la ville de Lyon, en exécution des articles 11 et 15, du titre 2 de la loi du 14 octobre 1790, concernant les religieux, les religieuses et les chanoinesses séculières et régulières, nous nous sommes transportés dans la maison occupée par les dames religieuses Bernardines de cette ville, scituée sur la place en retour, au haut de la montée ditte de Saint-Sébastien, où étant, nous avons invité la supérieure de faire comparoître pardevant nous touttes les religieuses de la ditte maison. Lesquelles étant comparues et réunies, excepté mesdames Bourdin et Maurier qui n'ont pu se rendre dans la salle d'assemblée pour cause d'indisposition, ainsi que madame Gasquet, religieuse professe de la communauté des dames Ursulines de la rüe de la Vieille-Monnoie, retirée, contre son gré, dans la maison des dittes dames religieuses Bernardines, nous avons formé, de toutes les dittes dames religieuses assemblées devant nous, ainsi que des trois cy-dessus nommées qui n'ont pû s'y trouver, un état lequel nous avons arrêté et signé. Nous leur avons ensuite fait lecture en entier, soit à cette assemblée devant nous, soit à celles qui n'ont pu s'y rendre, en nous transportant à cet effet dans la chambre de ces dernières, de la sus-ditte loy.

En conséquence, après avoir invité celles qui étoient assemblées devant nous à se retirer et à revenir chacune séparément ; et après

(1) Bibliothèque de Lyon, fonds Coste, ms 2724 et 2726, nouveau n° 285.

nous être rendu dans les chambres particulières des trois qui n'avoient pû se trouver dans la ditte salle d'assemblée, nous avons reçu de chacune d'elles en particulier la déclaration prescritte par le susdit article qui use de la dite loy du 14 octobre dernier.

Madame Gabrielle Guïgnet, a déclaré que son intention est de continuer la vie commune et a signé : sœur Guignet.

Madame Ferroussat, a déclaré que son intention est de continuer la vie commune et a signé : sœur Ferroussat.

Madame Marie-Barthélémi Brunier, a déclaré que son intention est de continuer la vie commune et a signé : sœur Brugniés.

Madame Jeanne-Marie Maurier, a déclaré que son intention est de continuer la vie commune et a signé : Maurier.

Madame Louise Bourdin, a déclaré que son intention est de continuer la vie commune et a signé : s[r] Bourdin.

Madame Claudine Peillon l'aînée, a déclaré que son intention est de continuer la vie commune et a signé : sœur Peillon, l'aînée.

Madame Claudine Peillon cadette, a déclaré que son intention est de continuer la vie commune et a signé : sœur Peillon, la cadette.

Madame Françoise Gasquet, a déclaré que son intention est de continuer la vie commune, mais qu'étant religieuse professe de la communauté des dames Ursulines de la rue de la Vielle Monnoye, son vœu étoit de pouvoir retourner dans la ditte communauté des dames Ursulines pour continuer à y vivre en commun avec elles, et a signé : s[r] Gasquet lénée.

Après quoy touttes les dittes dames religieuses nous ont unanimément suplié de leur accorder nos bons offices et ceux de la municipalité pour obtenir qu'elles puissent rester dans la maison qu'elles occupent, sous les offres qu'elles font d'y recevoir telles religieuses de toutte autre communauté de la ville en nombre tel que le local pourra le permettre.

Dont et du tout nous avons dressé le présent procès verbal, pour être déposé, avec le susdit état, au greffe de la municipalité. A Lyon les jour et an susdits. (*Signé* :) Nivière-Chol, Chapuy.

II. Ce jourd'hui, lundi, vingt-trois janvier 1792, nous, Antoine Nivière-Chol, officier municipal de Lyon, nous sommes transporés dans la maison des Bernardines de ladite ville, pour constater le nombre des dames qui vivent en commun dans ladite maison. Ce que leur ayant annoncé, elles se sont présentées devant nous et sont, savoir :

Dame Claudine Ferroussat ; dame Gabrielle Guignet ; dame Marie Barthelmie Brunier ; dame Louise Bourdin ; dame Claudine Peillon l'aînée, dame Claudine Peillon cadette.

Les dites dames nous ont annoncé que dame Jeanne-Marie Maurier, qui étoit de ladite maison, est décédée dans le courant de l'année dernière, ce dont elles ont informé la municipalité.

De tout quoi nous avons dressé le présent procès-verbal. (*Signé* :) Nivière-Chol, sœur Ferroussat, supérieure, sœur Peillon la cadette, économe de la dite communauté des Bernardines.

XXII. — NOTE SUR LES CORDELIERS DE L'OBSERVANCE DE LYON

On a dit précédemment, à propos des Bernardines de Lyon, que nombre de religieux avaient refusé de quitter, à la Révolution, la vie commune pour rentrer dans le monde. En voici un nouvel exemple qui concerne les Cordeliers de l'Observance de Lyon. On remarquera que le procès-verbal ci-dessous fait mention de deux visites domiciliaires, l'une du 29 octobre 1789, l'autre du 6 janvier 1791 : à cette date, les religieux habitaient encore tous leur couvent. Le document fait partie de la bibliothèque de Lyon, fonds Coste, ms. 2653, nouveau n° 266.

Je soussigné, Gaspard Laurent, gardien du couvent des Cordeliers de Notre Dame des Anges dit de l'Observance prez de Lyon, certifie que les religieux qui composoient la susdite communauté le 29 octobre 1789 sont les mêmes qui la composent encore à présent et qui sont au nombre de cinq, savoir :

Frère Martin Duby, prêtre, âgé de 74 ans, profès depuis le 27 décembre 1736 ; frère Nicolas Jaillard, prêtre, âgé de 63 ans, profès depuis le 31 janvier 1749 ; frère Gaspard Laurent, prêtre, âgé de 61 ans, profès depuis le 4 mars 1750 ; frère Joseph Dumas, prêtre, âgé de 56 ans, profès depuis le 17 janvier 1752 ; frère Joseph Cysériat, laïque, âgé de 81 ans, profès depuis le 16 juillet 1735.

En foy de quoy j'ai signé le présent acte conformément à l'article 2 du décret de l'Assemblée nationale concernant les religieux. A Lyon, le 6 janvier mil sept cent quatre vingt onze. (*Signé*) : fr. Gaspard LAURENT, gardien.

XXIII. — POSE DE LA PREMIÈRE PIERRE

de l'église Saint-Louis-Saint-Vincent de Lyon.

On sait que l'église actuelle Saint-Louis-Saint-Vincent était autrefois l'église conventuelle des religieux, surnommés Grands-Augustins, par opposition aux Augustins déchaussés de la Croix-Rousse. On ne lira pas sans intérêt le procès-verbal de la pose de la première pierre, construite sous la direction de l'architecte Léonard Roux. Cette cérémonie présenta ceci de particulier qu'elle fut faite au nom de Louis, dauphin de France, fils de Louis XV.

Ce jourd'huy sixième septembre, mille sept cent cinquante-neuf, en présence de Me Jacques Bourdin, conseiller du roy, notaire royal et apostolique de la ville, faubourgs, sénéchaussée et diocèse de Lyon, et secrétaire du couvent des Grands-Augustins de la ville de Lyon, et de Me Pierre Aubernon, son confrère, sont comparus les rr. pp. provincial, prieur, souprieur, procureur, religieux et communauté des Grands-Augustins qui ont dit que leur église conventuelle ayant été interdite à la requête du promoteur général du diocèse par feu illustrissime et révérendissime Pierre de Guérin de Tencin, cardinal de la sainte église Romaine, archevêque, comte de Lyon, primat de France, commandeur de l'ordre du Saint-Esprit, proviseur de Sorbonne, ministre d'Etat, et démolie par sentence du consulat, attendu sa caducité prochaine, ils auroient fait toutes les diligences possibles pour en élever une autre à la place de l'ancienne sur les plans et sous la direction du sieur Léonnard Roux, ingénieur connu par ses talents.

Tous les matériaux étant préparés et les excavations nécessaires pour les fondations étant achevées, les religieux auroient fait supplier monseigneur Loüis, dauphin de France, par l'entremise de illustrissime et révérendissime seigneur Nicolas de Boüille de Saint-Géron, évêque d'Autun, premier aumônier du roy, faisant les fonctions de grand aumônier de France, comte de Lyon, de vouloir leur faire l'honneur de poser la première pierre de leur nouvelle église, ce que monseigneur le dauphin par une marque de bonté singulière auroit bien voulu accorder à la prière de monseigneur l'évêque d'Autun, et en conséquence, il auroit fait donner ses ordres par led. illustrissime et révérendissime seigneur évêque d'Autun, à illustre seigneur Marie Eugène de Montjouvent, doyen de l'église, comte de Lyon, prieur de Chemilly et de Saint-Rambert-en-Forest, de poser, en son nom, la première pierre de la nouvelle église conventuelle des Grands-Augustins de la ville de Lyon, comme il paroit dans la lettre dont la teneur suit :

Monsieur le doyen,

Ayant rendu compte à monseigneur le dauphin du désir qu'avoient les pères Augustins de Lyon qu'il posa la première pierre à l'église qu'ils sont sur le point de bâtir, monseigneur le dauphin ayant eu la bonté de se prêter à ce que pouvoient souhaiter, à cet égard, les rr. pp. Augustins, me chargea de vous prier de vouloir bien poser cette pierre à son nom. Ainsy, dèz qu'il plaira aux pères Augustins que vous fassiez cette cérémonie, j'espère que vous voudrés bien vous rendre à leurs vœux. J'ai pris la liberté d'assurer monseigneur le dauphin que cette commission ne pouvoit pas être en de meilleures mains et que vous la remplirés avec tout le zèle et l'empressement que mérite l'honneur qu'il vous fait. Lorsque vous aurés fait cette cérémonie, vous aurés attention d'en faire dresser un procès-verbal, dans lequel il sera constaté que je vous ay écrit, par ordre de monseigneur le dauphin, pour vous charger de remplir cette fonction à son nom.

J'ay l'honneur d'être, avec un très fidèle attachement, monsieur le doyen, votre très humble et très obéissant serviteur. (*Signé :*) † N. évêque d'Autun, premier aumônier du roy. A Paris le 17 juillet 1759.

Monsieur le doyen ayant fait part au prieur, religieux et communauté des Augustins de la commission dont il étoit honoré et de son acceptation respectueuse, lesdits religieux l'ont prié d'indiquer le jour qu'il luy plairoit pour poser la première pierre ; ce jour auroit été par luy fixé au six septembre à quatre heures de relevée. En conséquence, les provincial, prieur, souprieur et procureur ont invité à cette cérémonie monseigneur l'archevêque, monsieur le commandant pour le roy, monsieur l'intendant, messieurs les comtes de Lyon, messieurs les prévôt des marchands et échevins de cette ville, les chefs de toutes les compagnies tant séculières que régulières et autres personnes de distinction.

Toutes les dispositions faites pour cette auguste cérémonie, monsieur de Montjouvent se seroit transporté, ce jourd'huy six septembre à quatre heures de relevée, au couvent des Grands Augustins avec messieurs les comtes, où il auroit été reçu solennellement à l'entrée par le provincial et le prieur à la tête de toute la communauté et complimenté par le provincial portant la parole au nom de tous les religieux et conduit au son des timballes, trompettes, tambours, etc., et au bruit de l'artillerie, dans une des grandes salles du couvent ornée pour cette cérémonie, au fond de laquelle étoit un portrait de monseigneur le dauphin sur un thrône et sous un dais ; au pied du thrône et à deux marches d'élévation, monsieur de Montjouvent auroit pris sa place.

Les dits sieurs prévôt des marchands et échevins de cette ville se sont rendus en corps au couvent des Augustins, ont été reçus en cérémonie et placés dans ladite salle en face du thrône.

Toute l'assemblée étant formée, un religieux de la communauté a prononcé un discours consacré à l'éloge de monseigneur le dauphin, après lequel ledit illustre seigneur de Montjouvent a été conduit, suivi de toute l'assemblée, sur l'emplacement de la nouvelle église, où l'on avoit préparé un second thrône avec le portrait de monseigneur le dauphin sous un dais placé à côté la fondation, et ledit seigneur de Montjouvent ayant récité les prières accoutumées et béni la première pierre, auroit pris des mains du sieur Léonnard Roux ingénieur, une truelle d'argent et du mortier qu'on avoit préparé sur un grand bassin orné de fleurs, dont il se seroit servi pour sceller et poser solennellement la première pierre, sous la première colonne faisant l'angle de la porte droite latérale et du portail de la nouvelle église.

Pour conserver à perpétuité la mémoire de cette auguste cérémonie, monsieur de Montjouvent a renfermé, dans l'intérieur de la première pierre, une planche de cuivre de la hauteur d'onze pouces, sur sept de largeur, sur laquelle étoient gravées les armes de monseigneur le dauphin, avec l'inscription suivante :

LUDOVICUS
GALLIARUM DELPHINUS
LUDOVICI XV
REGIS DILECTISSIMI FILIUS OPTIMUS
PRINCEPS
SOLIUM ET ARAS SUSTENTARE
NATUS
BASILICÆ AUGUSTINIANÆ
INITIALEM LAPIDEM
SOLEMNITER POSUIT
MANU
MARIÆ EUGENII DE MONTJOUVENT
DECANI COMITUM LUGDINI
ANNO SALUTIS MDCCLIX
J.-B. FLACHAT EQUITE TORQ. MERC. PRÆF
PET. THOM. GONIN DE LURIEU. CAMILL. DARESTE
FRANC. LUD. CLAPASSON. JAC. DAUDÉ COSS
LUGD. PRÆSENTIBUS.
LEONARDO ROUX OPERIS ARCHITECTO.

Les religieux, pour témoigner la reconnaissance la plus vive de la faveur dont l'auguste prince a bien voulu les honorer, et pour consacrer plus solennellement cette reconnoissance, se sont engagés, pour eux et leurs successeurs dans ladite maison, de chanter, tous les ans, le six septembre, un *Te Deum* avec le psaume *Exaudiat* et les oraisons prescrites par l'église pour la conservation des jours précieux du monarque que le ciel a donné à la France dans sa miséricorde, Loüis XV le bien aimé roy de France et de Navarre, de son auguste fils Loüis, dauphin de France, et de la famille royale, et ont déclaré que la nouvelle église conventuelle seroit sous le vocable de saint Loüis, dont monseigneur le dauphin porte le nom et qu'ils le regarderont toujours comme l'auguste fondateur de cette église.

Tout ce que dessus s'est passé à la satisfaction des assistants, aux vœux réitérés de la communauté des Grands-Augustins de Lyon, pour la prospérité et santé de l'auguste prince fondateur et aux acclamations d'un peuple infiny que cette auguste cérémonie avoit assemblé.

L'illustre seigneur de Montjouvent est revenu ensuite avec M. de Saint-Aubin, comte de Lyon, et toute l'assemblée dans la grande salle, où a été dressé le présent verbal par Me Bourdin, notaire et secrétaire de la communauté, assisté dudit Me Aubernon, aussi notaire. L'illustre de Montjouvent a signé avec illustre seigneur Jacques de Saligny de Saint-Aubin, comte de Lyon, assistés de messieurs les comtes de Lyon, de monseigneur l'évêque d'Egée, de messieurs les prévôt des marchands et échevins, de monsieur le premier président en la cour des monnoyes et lieutenant général en la sénéchaussée et de monsieur le procureur général en ladite cour des monnoyes, de monsieur le président au bureau des finances de cette généralité et de l'un de messieurs les trésoriers et autres grands et notables personnes qui ont signé : Signé, Montjouvent, doyen, comte de Lyon, ayant l'honneur de représenter monseigneur le dauphin, Saligny, chantre de l'église, comte de Lyon, ainsy signé : Montjouvent, comte de Lyon, Saligny, comte de Lyon, Allemand Champier, chamarier, comte de Lyon, Montmorillon, maître du chœur, comte de Lyon, Maubourg, comte de Lyon, de Chauvigny, comte de Lyon, Montmorillon, comte de Lyon, Chabans, comte de Lyon, de Gruel du Villard, de Jouffroy-d'Ozelle, comte de Lyon, de Caumont, comte de Lyon, Barbier de Lescoët, comte de Lyon, de Chabans neveu, comte de Lyon, de Bellegarde, comte de Lyon, Jean-Baptiste Marie, Ev. d'Egé, suff. de Lyon, Flachat de Saint-Bonnet, Gonin de Lurieu, Dareste de Saconay, Clapasson de Vallière, Daudé, Prost, Nicolas de Montribloud, Rumeyere, capitaine de la ville, Bory, commandant de Pierre-Encise, de Montherot.

Et ayant présenté la plume à messieurs les premier président et procureur général et à monsieur le président au bureau des finances et à monsieur le trésorier pour donner leurs signatures au présent procès-verbal, ont refusé de signer, attendu que messieurs de ville ont voulu signer avant eux, et ont seulement signé le présent procès-verbal contenant leur refus. Signé Pupil, Peisson de Baco, Rousset de Saint-Eloi, Dumarest.

Messieurs les prévôt des marchands et échevins n'ont signé les premiers que parce qu'ils ont assisté en corps et ont signé. Signé : Flachat de Saint-Bonnet, Gonin de Lurieu, Dareste de Saconay, Daudé, Clapasson de Valière, Prost, Nicolas de Montribloud.

Signé : Aubernon et Bourdin, secrétaire.

En marge est signé : f. Jean Savez, provincial, f. Joseph Janin, prieur du couvent des Grands-Augustins, Rousset, souprieur, f. Besson, f. Augustin, procureur sindic, f. Claude Denavit, f. Pierre Bertholet, f. François Mauvernay, f. Jean-Baptiste Bauquis, f. François Demalulien, f. Jacques Cayrel, f. Joseph-Marie Donzel.

Expédié sur la minutte collationnée étant aux archives des rr. pp. Augustins par moi leur secrétaire soussigné : Bourdin, secrétaire.

XXIV. — UNE PROMENADE A TRAVERS LYON AU XVIIIe SIÈCLE

Le P. de Colonia, jésuite, a laissé, parmi de nombreux ouvrages, un petit volume sur Lyon, fort estimé, dont voici le titre : *Antiquitez de la ville de Lyon, avec quelques singularitez remarquables présentées à Monseigneur le duc de Bourgogne, par le P. Dominique de Colonia, de la compagnie de Jésus.* A Lyon, chez Amaulry et Pascal, libraires, rue Mercière, au Mercure galant, M. DCC. I. Avec permission. In-12, 2 fol. — 199 p., gravures.

Ce petit ouvrage est surtout intéressant en ce qu'il donne l'état de plusieurs monuments religieux, tel qu'ils se trouvaient à cette époque. Or, plusieurs de ces monuments ont disparu, d'autres ont perdu les œuvres d'art qu'ils possédaient. C'est pourquoi il a paru bon d'extraire de cet ouvrage les renseignements suivants qui concernent à l'histoire des arts à Lyon.

L'église des Carmélites est un monument éternel de la piété de l'illustre maison de Villeroy qui l'a fondée. Cette église est magnifique et de fort bon goût. On y distingue en particulier quatre choses : le grand autel qui est de marbre et d'un beau dessin ; le tabernacle qui est de pierres fines ; le tableau qui est de Le Brun, et la chapelle de la maison de Villeroy, où sont les tombeaux de monsieur d'Halincourt et de feu monsieur le maréchal de Villeroy.

Chapelle de la Visitation Sainte-Marie à Bellecour (p. 163). — Dieu a fait à la France deux grandes faveurs par l'intercession de ce saint (François de Sales) : la première c'est que le feu roi Louis XIII de glorieuse mémoire étant à Lyon l'an 1630, malade à l'extrémité envoya prendre le cœur (de ce saint) et ne l'eut pas plutôt entre ses mains qu'il s'écria qu'il était guéri. La deuxième c'est que la feue reine mère n'ayant point d'enfant après plusieurs années de mariage, se voua elle-même à ce saint, et elle a protesté plusieurs fois qu'elle croyait devoir surtout à son intercession ce fils qui est aujourd'hui la plus parfaite image du ciel qui le lui accorda.

Frères Prêcheurs de Notre-Dame de Confort dits Jacobins (p. 147). — Il y a dans la maison de ces pères quatre choses dignes de remarque : 1° C'est dans leur cloître que le dernier dauphin, nommé Humbert, donna l'investiture du Dauphiné à Charles de France, duc de Normandie, fils du roi Jean ; 2° on y montre encore la salle où se tint, l'an mille trois cent seize, le conclave de Jean XXII ; 3° les princes de la royale maison de Bourbon qui moururent à la bataille de Brignais, ont leur tombeau dans le chœur de cette église, lequel est d'un beau marbre blanc ; 4° dans la chapelle de saint Thomas, qui est magnifique, il y a un tableau du Salviati que représente saint Thomas convaincu à la vue de Jésus-Christ ressuscité. Ce tableau est d'un très grand prix, et on dit que la reine-mère voulait le payer avec autant de louis d'or qu'il en faut pour le couvrir, quoi qu'il soit fort grand. Il y a dans cette église d'autres tombeaux de plusieurs grands hommes, dont les principaux sont le fameux Guillaume Durand, évêque de Mende, le cardinal Hugues de Saint-Cher, auteur des concordances de la bible, Jaques Dalechamps, habile médecin et auteur célèbre, Santès-Pagninus, auteur de la traduction latine de la bible qu'on voit dans la belle polyglotte de Philippe second.

Primatiale Saint-Jean (p. 117). — On y voit la chapelle de Bourbon d'une belle sculpture gothique. Elle a été bâtie par le cardinal Charles de Bourbon, archevêque de Lyon, qui y est enterré dans un beau mausolée de marbre blanc et qui a fait aussi bâtir le palais archiépiscopal. C'est ce cardinal Charles qui donna son nom au roi Charles VIII qu'il tint sur les fons par ordre de Louis XI qui l'aimait beaucoup.

On conserve dans le trésor de cette église une très précieuse relique qui lui fut donnée par Jean de France duc de Berri : c'est la mâchoire inférieure de saint Jean-Baptiste que l'évêque de Châlon y porta par l'ordre de ce prince. On garde dans le même trésor le chef de saint Irénée et celui de saint Cyprien, évêque de Carthage, outre quantité d'autres reliques considérables.

L'archevêque de Lyon est primat des Gaules et il est le seul primat de l'église catholique qui ait des archevêques sous lui. On trouve dans ce pays une ancienne monnaie qui est une preuve évidente et incontestable de sa primatie. Elle fut frappée au neuvième siècle, sous le règne de Charles le Chauve, au sentiment des plus habiles connaisseurs et du P. du Moulinet en particulier. On y voit d'un côté un L traversé par le haut d'un trait, qui forme une espèce de croix et qui est le monogramme de la ville de Lyon avec cette légende, *prima sedes*, et sur le revers une croix patée avec ce mot, *Galliarum*. On ne peut pas douter de l'antiquité de cette monnaie, puisque l'auteur qui a écrit en vers la vie de Philippe-Auguste dont il était contemporain, et qui mourut l'an 1223 parle de cette monnaie de Lyon comme d'une monnaie qui avait cours depuis longtemps :

Cujus honoris adhuc memor est epigramma sigilli
Quique monetatus datur ad commercia census.

(Vill. Britto, Philippeid.)

Le même auteur, dans un autre endroit de cette vie ou de ce poème, parle de la primatie de Lyon en ces termes :

Et Lugdunensis quo Gallia tota solebat,
Ut fama est, pastore regi, causasque referre
Difficiles, ut ibi lis ultima litibus esset ;
Nec mittebatur Romam lis ulla, nisi quam
Lugdunense forum per se finire nequisset.
(Andr. Duchesne, Hist. Franc. Scriptores, tom. V.)

XXV. — VILLEURBANNE AUX APPROCHES DE LA RÉVOLUTION

M. l'abbé E. Varnoud a communiqué à notre excellent confrère les *Annales Dauphinoises* quelques notes intéressantes tirées des registres paroissiaux de Villeurbanne. On sait qu'avant la révolution, l'archevêché de Lyon possédait en Dauphiné deux archiprêtrés : Meyzieu et Morestel, plus la paroisse de Villeurbanne qui faisait partie de l'archiprêtré des Suburbes dont les autres paroisses se trouvaient en Lyonnais. Ainsi Villeurbanne était du Dauphiné et du diocèse de Lyon; aujourd'hui, par une autre anomalie, celle-là toute contraire, Villeurbanne se trouve du diocèse de Grenoble et dans le département du Rhône. Quoi qu'il en soit, on lira avec intérêt les notes de M. Dechastelus, curé de Villeurbanne, et on sera heureux de ce qu'il ait eu la bonne idée de les mettre par écrit. C'est un exemple à citer aux curés de nos paroisses qui sont tenus par les statuts synodaux d'avoir un registre de paroisse pour y insérer les faits d'histoire locale, mais qui négligent pour la plupart, cet article des ordonnances archiépiscopales.

1787. — M. Dechastelus, dixième curé de Villeurbanne, tient le bénéfice par résignation de M. Franchet qui a été nommé à..., à cause de sa mauvaise santé, par les comtes de Lyon qui engagèrent alors sa cure à M. Dechastelus.

1788. — La récolte en grain a été très médiocre à cause de l'hiver qui a été trop pluvieux et qui a pourri la graine ; il y a eu peu de froid. Celle en vin a été fort abondante et de très bonne qualité. Le prix de l'ânée est de 10, 12 et 15. Celle de blé est de 36, 38, 40. Il y a eu, cette année, dans le royaume, de grandes révolutions. M. de Calonne, contrôleur général des finances, pendant ses cinq ou six ans de gestion, avait achevé de ruiner la France. Ne sachant comment se procurer de l'argent, il a demandé au roi la convocation des notables du royaume. M. Tholosan, commandant de Lyon, a été député de la ville. Cette respectable assemblée s'est passée en beaux compliments et en beaux discours. Le seul bien qu'elle a opéré est la disgrâce de M. de Calonne et la convocation des Etats généraux qu'elle a demandée.

Le roi a donné sa place à M. de Brienne, archevêque de Toulouse, puis de Sens, et l'a nommé son principal ministre. Les sceaux ont été donnés à M. Delamoignon, avocat général au parlement de Paris.

Ces deux ministres, qui s'entendaient comme deux larrons en foire, ont bouleversé toute la France, ne pouvant obtenir des parlements l'enregistrement nécessaire à leurs édits. Ils ont fait enregistrer militairement l'édit portant création des grands bailliages, ce qui a occasionné plusieurs émeutes dans les villes de parlement, entre autres à Grenoble, le 8 mai (journée des Tuiles).

Enfin, le roi a renvoyé ses deux ministres, au souhait général de toute la nation qui a demandé M. Necker, cet homme universel, qui avait déjà été contrôleur général, mais qui n'avait pu tenir, parce qu'il aimait trop à faire le bien. Autant il a été applaudi et regardé comme un vrai restaurateur, autant les deux autres ont été bafoués. Le peuple les a brûlés en effigie en différents endroits.

Beaucoup de petites villes avaient accepté de grands bailliages : Valence, Lyon surtout ; parce qu'il est indigne qu'on soit obligé d'aller plaider à cent lieues. Mais ils ne seront pas longtemps à s'en repentir. MM. des parlements trouveront bien des occasions pour les mortifier. Tous les parlements sont rentrés dans le courant de septembre, quelques-uns plus tard. Le peuple leur a fait beaucoup de fête jusqu'à illuminer.

La province a obtenu un arrêt pour la convocation de ses Etats, chaque communauté du bailliage de Vienne a nommé un député qui s'est rendu à Bourgoin, le dernier dimanche de novembre, pour nommer les députés de l'Assemblée qui s'est tenue à Romans.

La noblesse s'est rendue à Vienne pour nommer les siens et le clergé pareillement un par chaque archiprêtré. Le curé de Villeurbanne, comme seul des suburbes, s'est rendu à Vienne et a voté avec les autres ; sur les observations que MM. les grands vicaires ont voulu faire, MM. les curés, ses chers confrères, ont pris la parole, d'après les bonnes raisons que le sieur Duchastelus donnait et ont décrété qu'il paraîtrait à toutes les assemblées jusqu'à ce que les Etats en aient décidé autrement.

Le 20 octobre, il a fallu se rendre de nouveau à Vienne pour nommer de nouveaux députés, le même nombre que la première fois, 144, en tout 288, moitié du tiers état, etc. Ces députés devaient se trouver à Romans, le 29, pour nommer tous ensemble les députés aux Etats généraux. On en a nommé douze pour le tiers état, huit pour la noblesse et quatre pour le clergé. Les pauvres curés ont eu beau faire, ils n'ont pas pu en avoir un (1). Ont été nommés : M. l'archevêque de Vienne, deux chanoines grands vicaires de Vienne, Dolomieu et Saint-Albin, doyen de Saint-Maurice, et un autre chanoine. Mais d'après les lettres de convocation, on croit que toutes ces nominations n'auront pas lieu et qu'on se rassemblera de nouveau : c'est le vœu général.

L'archevêque de Lyon, Malvain de Montazet, est mort à Paris dans son abbaye de Saint-Victor, dans le mois de mai, âgé de 77 ans. C'était un prélat rempli de lumières, mais plus encore de politique. Il n'a pas été beaucoup regretté de Lyon où il avait fait beaucoup de changements, surtout dans les séminaires. On ne le voyait que quatre mois l'année dans son diocèse. M. de Marbœuf, évêque d'Autun, comte de Lyon, lui a succédé.

Nous n'avons pas encore eu le bonheur de le posséder. Tout le diocèse a applaudi, avec juste raison, en apprenant sa promotion; la feuille des bénéfices qu'il a depuis longtemps, annonce qu'il est aimé à la cour, qu'il est riche et, par conséquent, qu'il fera beaucoup de bien à la ville de Lyon qui éprouve de grandes misères à cause de la cessation du travail. Il y a eu une visite dans cette paroisse de MM. de Sarept (2), suffragant, et de Castillon, grand vicaire, dans le mois de juin... L'agrandissement de l'église a été arrêté, mais on n'en parle plus, quoi que ce soit une chose indispensable.

1789. — La récolte en vin a été médiocre et généralement mauvaise. Il n'a pas été cher jusqu'au 1er juin, 10, 12 et 15 livres l'ânée. Mais, dans le courant de juillet, une petite révolte arrivée à Lyon, parmi le peuple qui a brisé les barrières et chassé les commis, a porté le prix à 20 et 24 francs l'ânée. Deux habitants de la paroisse de Saint-Cyr au Mont-d'Or ont été tués aux portes de Vaise. Ils se trouvèrent malheureusement les premiers et se moquèrent des représentations qu'on leur fit. Les portes furent fermées et on tira par le guichet. Le calme fut rétabli le lendemain par les troupes de ligne.

L'hiver a été des plus longs et des plus rigoureux qu'on se rappelle. Il a commencé le 25 novembre, jour de sainte Catherine, et a duré jusqu'au 12 janvier. Heureusement qu'il y avait un peu de neige sur les blés, ce qui les a garantis, car il semblait, après le dégel, que la plupart avaient péri. Le printemps a tout renouvelé ; jamais aussi

(1) Les curés auraient voulu faire passer M. Reymond, curé de Saint-Georges de Vienne, plus tard évêque constitutionnel de l'Isère.

(2) Mgr Denis, de Vienne, évêque titulaire de Sarept et auxiliaire de l'archevêque de Lyon.

bonne récolte. Les vignes n'ont pas été de même ; il y en a eu beaucoup de gelées, ce qui a contribué à la cherté du vin. Les moulins ont cessé de moudre pendant un mois; encore quelques jours de plus, toutes les grandes villes étaient à la famine. Beaucoup de gibiers et d'oiseaux ont péri.

Tous les marronniers des environs de Lyon, qui donnent à cette ville de si bons marrons, ont péri en grande partie. On a passé longtemps sur le Rhône à pont de glaces. Elles avaient quatorze pouces d'épaisseur. J'y ai passé deux fois avec la plus grande assurance, vis-à-vis le grand collège. Toute la journée, on ne voyait sur le Rhône que des amateurs patinant. Enfin, le 12 janvier, le dégel commença.

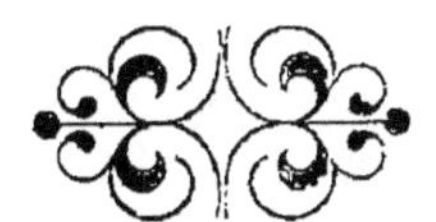

Lyon. — Imp. Em. VITTE, rue de la Quarantaine, 18.

Hommage de l'Auteur.

Mélanges

D'ARCHÉOLOGIE ET D'HISTOIRE

LYONNAISES

PAR

L'ABBÉ J.-B. MARTIN

PROFESSEUR D'ARCHÉOLOGIE CHRÉTIENNE AUX FACULTÉS CATHOLIQUES DE LYON

FASCICULE V

SOMMAIRE

LYON

IMPRIMERIE EMMANUEL VITTE

18, rue de la Quarantaine, 18

—

1904

Extrait du *Bulletin historique du diocèse de Lyon*, 1903-1904.

XXVI. UNE POSSÉDÉE DU DÉMON EXORCISÉE A ST-BONAVENTURE de Lyon.

Les récits de possessions démoniaques ne sont point rares dans les siècles précédents : mais il en est peu qui se présentent avec autant d'intérêt et qui offrent autant de détails que celui dont nous publions le texte. Aussi bien ce récit est-il consigné dans un petit volume dont on ne connaît que quelques exemplaires : raison de plus pour faire connaître au public ce petit livret, dont on trouvera d'abord le titre; puis la partie substantielle : on a scrupuleusement respecté le style et l'orthographe, en retranchant toutefois les considérations pieuses qui se mêlaient au récit.

La triomphante victoire de la Vierge Marie sur sept malins esprits finalement chassés du corps d'vne femme dans l'église des Cordeliers de Lyon, laquelle histoire est enrichie d'vne belle doctrine pour entendre l'astuce du diable. A l'histoire est adiouté vn petit discours d'vn autre diable, possédant vne jeune fille & aussi expulsé auparauant, orné de mesme doctrine. Sur la fin est inséré un excellent exorcisme de merueilleuse efficace pour coniurer & chasser les diables des corps humains. Le tout descrit à la pure & sincère vérité par le R. P. I. Benedicti, de l'ordre des frères mineurs, lecteur de théologie & prédicateur en la ville de Lyon. A Lyon, par Benoist Rigavd, M.D.LXXXIII. Auec priuilège. In-8°, 102 p. - 1 f. (Bibliothèque de Lyon, fonds Coste, n° 353.918.)

En l'an de nostre Seigneur 1582, le 20 octobre, me fut enuoyée par monsieur le curé de Montrottier vne femme vefue, agée enuiron de 57 ans appelée Perinette Pinay de la paroisse de Vill-chenèue à 6 lieues de Lyon, pour exorcizer et coniurer le malin esprit qui de long temps la possédoit. Ariuée qu'elle fut en ceste ville, ie la interrogeay, la voyant en bon sens, combien de temps il y auoit qu'elle estoit en telle calamité. Elle me répond qu'il y auoit près de 12 ans que 7 diables s'estoient emparez de son corps : six y estoient entrez au temps des vendanges en vne pomme, & le septiesme à Noel ensuyuant le iour des Innocens, par vn morceau de beuf, qui luy auoit esté donné d'une sorcière (i'en tay le nom), despitée qu'elle auoit empesché vn certain mariage, com'elle imaginoit. Le premier des 7 diables se nommoit Beelzébub (non pas celuy qui fut chassé à Laon, comme ie croy, ains vn autre, car de ce nom il y en a plusieurs) le 2e Iarbin, le 3e Gadin, le 4e Micou, le 5e Darbon, le 6e Farbouillon & le 7e Frappan le plus méchant de tous.....

Comme ainsi fust que par plusieurs argumens, indices irrefragables & exorcismes (car au parauant par plusieurs gens d'église elle auoit esté coniurée) il estoit assez aueré que c'estoit vn esprit, toutesfois pour en faire vne autre preuue, ie luy presentay vn agnus Dei, & de sainctes reliques, que i'auoye l'année passée apportées de Hierusalem. Qu'en fut-il? Ie proteste que vous eussiez veu ce maistre Gonin, bondir, tressaillir, trépigner, sauter, vrlant d'vn cry horrible: *ie brusle, ie brusle*, & tout soudain renuerser ceste pauure créature par terre, non sans grande admiration de tous ceux qui voioient vne si horrible métamorphose, en celle qui vn peu deuant parloit en sens rassis.....

Or voyant un si piteux spectacle de ceste pauvre créature, nostre maistre le gardien, de nostre monastère le r. p. Maurine Sonneri, homme non moins vertueux que docte et plain de charité envers les affligez, va supplier monsieur de la Barge, comte de S. Iean et grand vicaire tres digne de monsieur de Lyon (lors absent pour les affaires de sa majesté) qui fut son plaisir donner congé de conjurer ceste pauvre patiente. Il respond (comme il est un prelat prudent et advisé) qu'il n'y falloit procéder à la légère, ains selon le proverbe *s'y haster lentement*, veu qu'en tels accidens il y a aucunes-fois des fictions et abus. Finalement ayant esté bien informé du fait, me donna toute puissance..... Toutesfois estant occupé pour lors en une mer d'affaires, je priay un religieux, dit le r. p. Martini, venant pour lors des quartiers de Savoye, ayant autresfois aux noms du grand et petit S. Bernard exorcisé des démoniaques, qu'il print la peine d'en commencer la conjuration. Ce qu'il feist avec une dextérité digne de luy, continuant les exorcismes 4 ou 5 heures au coup et par deux fois le jour, afin de lasser ce soldat infernal qui tempestoit et foudroyoit si furieusement qu'il falloit plusieurs religieux et autres séculiers a le tenir. Le r. m. Garinus Biblien de nostre couvent de Paris, le r. p. Claude Fredin, organiste de céans, le r. p. Vialis s'y portèrent vaillamment. Durant ce temps là, ce M. Frappan disoit merveilles..... Si est-ce que la force de vérité me contraint d'ajouster (fut lors un grand miracle) que l'ennemy se voyant par l'efficace des exorcismes vaincu se musse (1) ès parties inférieures de la créature.... ne voulant

(1) Se cacha.

aucunement respondre, pour feindre qu'il estoit sorty. Mais l'exorciste qui estoit accord, feist transporter la patiente devant le maistre autel là où il adjura par le prétieux corps de Jesus Christ qu'il tenoit entre les mains. , Qu'arrive-t-il ? Contraint par le S. Sacrement, remonte tout soudain à la langue (laquelle il tiroit d'une estrange façon, crit : *Je suis Frappan. Tu me brusles, tu me brusles.* Ce n'estoit alors qu'une fonteine de larmes qui distilloit des yeux des assistants, touchans au doigt la vertu du prétieux corps de Dieu. Ce qui se feist par deux fois ; ce n'est pas fable cela. Il s'est fayt à la veuë de tout Lyon..... Je di donc que ce religieux, comme de plus belle, redoubloit le combat à ce guerrier tartarique, continuant jusques au jeudy au soir qui estoit le 26 d'octobre, lors que l'ennemy avec un orgueil et outrecuydance luy respondit : *Tu as beau faire, je ne sortiray point pour toy.* Et pour qui donc replique l'exorciste ? *Pour Benedicti*, dit-il, me nommant par mon nom, bien que jamais ne m'eust congnu : mesme que lors j'estoye absent. Or ceste responce fut tenue pour un échappatoire et menterie, et à bon droit, pusysque c'est son propre de mentir. Sur ces entrefaytes, il passa par ceste ville un évesque d'Ybernie, qui s'en alloit à Rome, lequel je priay, pour la charité de Jésus-Christ, qu'il imposast la main à ceste pauvre femme, me persuadant (comme de raison) que l'autorité espiscopale pourroit faire beaucoup. Ce bon évesque dit la messe devant elle, la conjura, durant lequel temps on aperceut bien que ce maistre diable redoubtoit la puissance des évesques. Il l'interrogea tant en latin qu'en langue d'Hybernie (on dit qu'il entendoit bien aussi l'hybernien), finalement il persiste aux précédentes responces disant qu'il ne sortiroit que par Benedicti..... Estant donc adverti de la responce de Gonin, je me prépare au combat, m'estant purifié par par jeunes et oraisons, selon la doctrine évangelique, et non seulement moy, ains aussi plusieurs autres religieux, sans mettre en conte un grand nombre d'hommes et femmes qui jeunoyent, voire en pain et en eau, se confessoient et communioyent, priant le souverain qu'il eust merci de ceste pauvre créature. M'estant di-je purifié et confessé selon mon imbécillité, le vendredy qui estoit le 26 dudit moys, au nom du Verbe éternel Jesus Christ, j'entroy en lice, avec cest champion infernal, auquel je proposoy 16 interrogats, selon que je l'avoye apprins de l'art exorcistique. Le premier fut comme il se nommoit. Le 2e de quelle hierarchie et ordre il estoit ; le 3e qui estoit son capitaine ; le 4e s'il estoit seul ; le 5e où il habitoit devant qu'il entrast dans ce corps ; le 6e en quel temps et jour il y entra ; le 7e par quel moyen il y entra ; le 8e pourquoy il y entra ; le 9e quels saincts il craignoit le plus au ciel ; le 10e quels estoient ses ennemys en enfer ; le 11e qui estoient ses amys et fauteurs ; le 12e quand il sortiroit et a quelle heure ; le 13e quel signe il donneroit de son issue ; le 14e par quel exorcisme il estoit plus tormenté ; le 15e par quel sainct ou exorciste, ou par quel moien il vouloit sortir ; le 16e, ieluy prohibay qu'à son issue il ne feist mal ne à la Perinette, ne à autre créature quelconque, ne qu'il amenast la tempeste ne le mauvais temps.

Je continuay le premier exorcisme jusques à mydi, et deux heures après je le redoublay, avec plus grande acrimonie que devant et à jeun en luy disant : « viença meschante beste. Dy-moy, ne sens-tu point l'odeur du jeusne ? Ne sçáis-tu pas bien que la salive de l'homme à jeun fait mourir le serpent ? Regarde que tu es cause d'un grand bien à plusieurs qui jeunent et font pénitence. Ce n'est pas hors de propos que Job vous appelle serviteurs de Dieu, car vous avancez son honneur en pensant faire le mal. » Or ça, dis-je à mes compagnons, chantons le symbole de Nicé et celui d'Athanase contre cest esprit volant, ennemy de la foy. C'estoit alors qu'il frémissoit, qu'il tempestoit, faisant le diable deschaîné comme il estoit. Tantost vous l'eussiez ouy crier, urler, mugler, clabauder, rotter comme un chien, un loup, un bœuf, un pourceau, tirant la langue d'une prodigieuse façon ; ores il pleuroit et puis il rioyt ; d'autresfois il contrefaisoit le chien, le chat, le guenon, en faisant mille autres grimaces qui donnoient assez à connoistre de quelle inconstance est le péché, lequel dissipant l'accord et l'harmonie de l'esprit ne laisse jamais la créature à repos, ce qu'estant mesme considéré par les philosophes d'un instinct naturel l'ont eu en détestation, comme je démonstre en un traité des cas de conscience que j'escry maintenant. Or de tant plus j'insistoye aux conjurations que je le voioye extravaguer, sachant fort bien qu'autant de parolles que je proferoie, ce luy estoient autant de coups de foüet. Et qu'ainsi soit lors que je lui repliquoye : *sors, sors, malheureuse beste, sors, cede Deo, sors*, autrement je t'augmenteray ta damnation de plus de 50 degrez. D'une voix lamentable il me respondoit : « Si j'estoie au plus profond crotton d'enfer, je ne seroie pas plus tormenté que je suis. Je brusle, je brusle. Ah ! pauvre Frappan, disoit-il, que tu es bien entré icy, en la male heure ; ô que mes compagnons m'ont bien joüé la basque, de m'avoir abandonné icy tout seul. Ah ! Frappan, Frappan, de quels tourmens te tenaillera le grand diable Lucifer pour n'emporter aucun trophée ne despouille en la maison de Pluton. Hélas, adjoustoit-il, il y a si long temps que je me tiens icy sans avoir rien gaigné. Et faut-il que je quicte la place comme un soldat désarmé pour estre crucié aux flammes éternelles. » Et puis disoit : « O que tu seras bien foüetté, pauvre Frappan.

Il faut que je le confesse et ne le puis nier que le cœur me frémissoit au ventre, et les cheveux me dressoient sur la teste de voir que de si nobles esprits estoient devenus diables. Lors j'advertissoye le peuple de prier Dieu, de jeusner, de se confesser, de faire pénitence, me ramentant de ce que dit S. Pierre, c. 2 de sa 2 épistre et après luy S. Jude, que Dieu nous jugera comme les démons si nous abusons de ses grâces et de S. Paul qui dit que *celuy qui est stable qu'il se donne garde de tomber, etc.* « O si je pouvoiye, disoy-je à cet esprit, faire pour toi pénitence. J'ay grand pitié de toy. » « Il n'y a plus de pénitence pour nous, disoit-il. » « Recognoye ta faute luy repliquoy-je. Confesse-toy, dit ton *Confiteor*, et je te donneray (parlant ironiquement) l'absolution. » « Pour nous il n'y a point d'absolution, respondoit-il, oui bien pour vous ».....

Après je m'advisoy de luy lire en l'oreille en langue hébraique, language maternelle de David, le pseaume *Exurgat Deus et dissipentur inimici ejus*, pseaume propre à l'expulsion des diables selon la tradition de S. Antoine, mais il monstroit bien qu'il entendoit quelque chose en la langue hébraique, et pour autant que David dit en ce pseaume que Dieu est le père des orphelins et le juge des vefves, lesquelles il nomme en sa langue *almanoth*, je le menaçoye disant : « Pourquoi tormentes-tu ceste vefve, espouse de Jésus Christ, dy moy, maudit satan ». « Elle est vray vefve, dit-il, ô la vray vefve, ô la vray vefve, répliquoit-il, souvent comme elle est vraivement vefve, car depuis que je suis icy, je n'ay rien gaigné sur elle. » Et de fait, tous ceux qui l'ont veüe, la tiennent pour une saincte âme... Il ne faut ici oublier, que c'estoit lorsqu'il estoit hors des gons, quand nous le portions en procession, luy faisant baiser l'autel de la Vierge Marie, et s'il estoit encore plus, quand la consécration du précieux corps de Jésus Christ se faisoit à la messe : c'estoit pitié de le voir urler et jetter cris espouvantables, tirant la langue, et repetant *Je brusle, je brusle*, et puis disoit : *C'est le gran, c'est le grand, Ié, Iés, Iésus-Christ.* Il travailloit fort à trancher ce mot de Jésus, et non sans cause, car c'est celuy dit l'Apostre qui fait trembler tout l'Achéron et les portes d'enfer. Quelques fois, il se prenoit à rire, et faisoit du plaisant robin, comme il monstra à l'endroit d'un jeune apothicaire de ceste ville. Car pendant qu'un matin, devant l'exorcisme, recitoit à la patiente les 15 effusions du sang de Jésus Christ, il luy dit : « Ecoute, apothicaire, il faut que tu entendes, que la Périnette a donné deux bichetz de bled a un curé de paroisse pour luy dire le 15 effusions, mais il ne les disoit pas si bien que toy car il avoit desieuné et ne faisoit que barbotter.

Or... après plusieurs exorcismes souventes fois répetées, après plusieurs parfuns avec Galbanon, de l'encens, de souffre, assa-fétida, de l'ypericon, aristologia, après avoir aussi par plusieurs fois bruslé sa figure, son nom, le nom de ses compagnons avec du feu bénist, ne pouvant plus résister, me voulut parler tout bas, me disant qu'il sortiroit le lendemain à ma messe par le commandement de la grande, de la *grande* le repliquant d'eux-fois. Je lui demandoy qu'estoy ceste *grande*. Il me répond que c'estoit *Ma, Ma, Marie*. C'est dit-il *la grande, la grande Marie*, la mère du *grand, du grand Jé, Jés, Jésus*. Enfin il proféra et de meilleure grâce que nos Huguenots qui ne l'appellent, sinon à demie bouche, le Christ, le Christ. De rechef il dit tout haut devent tous, qu'il sortiroit à ma messe, et que la *grande* le chasseroit, par le moyen de S. Gabriel, duquel il avoit le nom plus en horreur que de tous les autres anges, tellement qu'il ne le vouloit jamais nommer à droit, ains disoit *Grabriel, Gabiel, Gabriès, Gabiès, Grabiès* en se moquant de luy. Il monstroit bien à sa contenance qu'il craignoyt extrémement entre tous les saincts la Vierge et S. Gabriel. Et de fait, ce serpent tortueux trembloit à tous les mots de *Marie* qui estoit destinée pour luy briser la teste.

Et si apperceumes une chose remarquable en luy, c'est qu'entre toutes les vertus de la Vierge il se rendoit plus obéissant à son humilité, car quand il faisoit du sourd et du muet, nous luy disions : « Parle, Frappan, par la *virginité* de la vierge Marie. Respons par sa *charité*. Je te conjure par sa *profonde humilité* que tu ayes à respondre. » Oyant ce mot *d'humilité*, et revenant en haut à la langue, il respondoit. Aussi, d'autant que Lucifer a offensé Dieu par orgueil, la Vierge luy a pleu par son humilité. Je l'interrogeay du signe de son issuë. Il me respond : « quel signe veux tu? » Je veux, dis-je, que tu m'esteignes le cierge allumé ». « Je n'en suis, dit-il, pas digne, ouy bien la Périnette, mais non pas moy ». « Si es bien celuy dis-je, pour demonstré qu'en toy est estainte la lumière céleste ». « Contente toy, dit-il, que je sortiray demain à ta messe ». Je luy réplique : « Tu es un menteur, tu ne sortiras pas ». Il me respond : « Tu m'en garderas bien de mentir ». Puis avec deux yeux effroiables me regardoit et grinsant des dens sur moy, me disoit : « O que tu as un bon baston, un bon baston tu as ». « Je veux, dis-je d'abondant, que tu esteignes le cierge ». « Non, feray pas ce, dit-il, mais à mon issue je farfouilleray. dit-il, bien tout à l'entour sans l'esteindre ».

Le lendemain qui étoit le 27 du moys, je me prépare au nouveau conflict et m'advisoy de faire transporter ceste femme de la chapelle de S. Michel à celle de nostre Dame de Lorette qui estoit en nostre mesme église, espérant quelque faveur de la mère de Dieu. C'estoit le samedy, jour dédié à son honneur et service, et ce qui augmentoit mon espérance c'est que j'avoye entendu que la patiente jeusnoit tous les samedis à l'honneur de la Vierge à laquelle elle estoit souverainement devotieuse comme aussi à S. Gabriel. Ayant prins les habits sacerdotaux, j'exorcisoy de rechef ce Frappan, lequel me confirma le mesme propos du soir, me disant : « Appreste-toy pour dire ta messe, car je sortiray ». Toutesfois, voyant qu'il estoit plus enalteré que jamais jettant de terribles urlemens, et faisant plus du revesche qu'au précedent, j'estoye bien estonné, craignant que l'affaire allast à la longue, comme celuy de Laon.

Je me repentoye quasi d'y avoir mis la main, car je feis avec toute l'assistance trois protestations et promesses à Dieu. La première fut que nous envoyerions en Italie faire un voyage à nostre Dame de Lorette. La deuxième que nous ferions processions publiques à nostre Dame de l'Isle (1) qui n'est pas loing de Lyon. La 3e que la patiente iroit vestue l'espace d'un an de l'habit et cordon de l'ordre de S. François en signe de pénitence. Ces 3 vœux estans faits et approuvez de tout le peuple, nous apperçeumes bien que ce maistre Frappan commença à rabaisser les cornes, auquel je fis faire le serment entre mes mains, la teneur duquel estoit ainsi : *Je jure et je te promets, ô sacrificateur de Dieu, de faire tout ce que tu me commanderas de la part de Jésus-Christ de Nazareth crucifié en ce qui touche l'honneur de Dieu et la délivrance de ceste créature. Que si je manque de ma promesse, j'invoque le Dieu tout-puissant afin qu'il face de moy rigoreuse vengeance ; j'invoque ses anges qu'ils me chassent de ce corps, j'appelle semblablement le grand Lucifer contre moy avec toutes les furies et princes infernaux, afin qu'ils desgorgent toute leur rage et fureur contre moy et me meinent au fin profond d'enfer, là où je soye tormenté mille et mille fois plus cruellement que je n'eusse esté si je ne sors de cette créature.*

Il n'y avoit si hardy de la compagnie qui ne tremblast alors au recit d'un si terrible serment lequel fut fort bien prononcé en latin, de ce diable qui jamais auparavant n'avoit dit mos à droit. Aussi a-il l'esprit bien tortu et l'entendement de travers. Car il me souvient que quand nous lui faisions dire *Sancta Maria*, il disoit : *Sancta Maria mater Bei, Bei, ora pro no, no, bis, pecca, to, to, to, ta, ta, ta, bus, bus, bus*, sans jamais vouloir dire *peccatoribus*, du nombre desquels il ne veut s'avoüer. Le serment fait et promis, je commençay le S. sacrifice de la Messe, à la consécration de laquelle, ce diable ne dist mot, ne mesme quand je montray le prétieux corps de Jésus-Christ, toutesfois contre la coustume. Ce fut alors qu'il commença à donner le signe de son issue, car la patiente veit entre elle et l'autel une nuée de feu de diverses couleurs et des cornes parmy. Elle la veit encore pour la 2e fois, environ la communion, et pour la 3e fois elle la veit à la prolation de *Et verbum caro factum est*, et ce

(1) L'Ile-Barbe.

fut lors que Frappan quicta la place et s'en alla en son lieu destiné. Un autre signe fut apperçu en l'air d'un citoyen de ceste ville nommé sire Estienne Ioyet et de quelques autres paysans, et c'est qu'estans à la Guillotière, près le pont du Rhône, ils virent tomber un grand brandon de feu sur nostre église de S. Bonaventure, où se faisoyent les conjurations, et la trace et marque de ce feu estant comme la couleur perse, demeura en l'air bien l'espace d'une heure ainsi que ledit Ioyet, l'a, par après, confirmé devant maintes personnes. Lors que ce diable sortit, les religieux qui tenoyent ceste pauvre femme dirent que jamais n'avoyent senti une telle puanteur. La patiente dit qu'elle se trouvoit fort bien et de beaucoup allégée, commençant à rendre grâces à Dieu, et à nostre Dame de Lorette, laquelle après Jésus-Christ (je n'ignore pas que le fils ne marche devant la mère) a esté sa seule libératrice. Le lendemain, pour plus grande preuve de sa délivrance, je la confessay et communiay et puis après je luis feis apporter le chef de S. Bonaventure pour lui faire toucher, ce qu'estant fait, en action de graces, nous chantasmes le *Te Deum laudamus*. Le lendemain elle fut habillée de l'habit et cordon de S. François, selon le vœu et promesse, et le jour ensuyvant nous allames en procession sollenelle (aucuns y allèrent à nus pieds, nonobstant le froid qu'il faisoit) à nostre Dame de l'Isle pour la remercier d'une si miraculeuse délivrance, en souvenance de laquelle j'y ay fait peindre un tableau.

XXVII. — VARIÉTÉS

On conserve, au grand séminaire de Lyon, des notes de liturgie lyonnaise dues à la plume autorisée de M. Denavit, directeur de cet établissement, il y a un demi-siècle. Nous en extrayons les passages suivants, dont les uns se rapportent à deux points importants de liturgie, l'autre à la procession des reliques de saint Bonaventure qui se faisait avant la Révolution :

1° Notes de liturgie lyonnaise : l'administration, les prêtres induts.

Il peut paroître extraordinaire que l'administration (1) aille se faire dans une chapelle voisine du chœur et non à la crédence comme à l'ordinaire, et qu'avant de mettre le vin dans le calice, le perpétuel qui fait la préparation donne le vin à goûter au marguiller. L'église de Notre-Dame de la Platière étoit obligé de fournir le vin au chapitre et c'est pour cela qu'on goûtoit avant d'en faire usage.

On a voulu faire cette cérémonie à trois sacres d'évêques qui ont eu lieu à la primatiale : celui de Mgr de Jerfagnon (*lire:* Jerphanion), évêque de Saint-Diez, aujourd'hui archevêque d'Alby ; celui de Mgr Mioland, évêque d'Amiens ; ces deux par Mgr de Pins, administrateur, et le troisième de Mgr Dufêtre, évêque de Nevers, par Mgr de Bonald. Cette cérémonie est un non-sens à un sacre, puisque l'évêque élu, offrant du pain et du vin, est censé fournir la matière du sacrifice : c'est une injure à lui faire que d'être censé goûter son vin ; ou bien on fait une chose ridicule en allant chercher du vin ailleurs. On n'a pas réfléchi, en faisant cette cérémonie, à l'origine qu'elle a en cette église.

D'ailleurs, la messe pontificale de Lyon n'est point faite pour un sacre d'évêque. Des prêtres induts qui sont censés cocélébrants, sont tout-à-fait hors de leurs places au sacre d'un évêque ; il faudroit des évêques induts, s'il est permis de parler de la sorte et non des prêtres induts. Il y a, en effet, les deux évêques assistants qui sont en chapes, mais ne sont pas censés cocélébrants. C'est l'évêque seul élu qui cocélèbre, en effet, avec le consécrateur. Tout cela n'a pas été fait avec réflexion.

On lit dans Martène, *De antiquis ecclesiæ ritibus*, tome II, page 510, ordo XVIII *ex manuscripto ecclesiæ Lugdunensis, ad consecrationem electi in episcopum* (édit. Rotomagi, ann. MDCC) : « *Metropolitanus, indutus pontificalibus indumentis, sicut missam celebraturus, egrediatur a sacrario, cum episcopis præsentibus indutis amictibus, albis, stolis et capis, cum mitris et cambucis et cum diaconis et subdiaconis et reliquis ministris, prout est mos procedendi solemniter in dominicis diebus ad missam.* » Il n'est nullement question de prêtres, en cette cérémonie, mais seulement de ministres inférieurs.

(1) On appelle administration, le rite par lequel on prépare, dans une chapelle spéciale, le pain et le vin du sacrifice qui sont ensuite portés processionnellement au maître autel.

On pense aussi que des prêtres induts sont de trop dans une messe pontificale célébrée pour l'ouverture d'un concile provincial, comme on l'a fait à Lyon le 30 juin 1850. L'origine des prêtres induts vient de ce que, dans la primitive église, les évêques célébroient la messe avec leurs prêtres les jours de fêtes : il n'y avoit alors qu'une seule messe. Mais lorsque un métropolitain convoquoit ses évêques comprovinciaux, c'est avec eux qu'il célébroit et non avec ses prêtres. C'est pour cela qu'au concile, à la messe d'ouverture, les évêques communioient de la main du métropolitain, avant le *Confiteor* preuve qu'ils concélébroient autrefois. (Voyez Pascal, *Origines et raison de la liturgie catholique*, au mot Concile, t. II, page 415, édition de Migne, 1844.)

C'est aussi par abus et par ignorance qu'on emploie les prêtres induts aux messes de mort, pour les raisons alléguées plus haut. C'est par un plus grand abus, que dans quelques paroisses, on met des diacres induts, sans sous-diacres induts. C'est vouloir inventer des cérémonies sans aucune autorité ; on ne le peut.

2° Procession des reliques de saint Bonaventure à la Primatiale.

Lors de l'ouverture de l'octave de saint Bonaventure, le chapitre de Saint-Jean se rendoit processionnellement dans l'église de Saint-Bonaventure ; les Cordeliers venoient au devant du chapitre et le recevoit en grande cérémonie et payoit un goûter aux enfants de chœur de la primatiale. On chantoit les premières vêpres, puis on retournoit à Saint-Jean. Deux cordeliers en chape portoient la châsse du saint ; un autre, en chape, portoit la croix. Ils avoient aussi deux acolythes de chaque côté du reliquaire ; les Cordeliers suivoient ; on chantoit des hymnes et des répons. Lorsqu'on étoit arrivé à Saint-Jean, les chanoines prenoient leurs places dans les stalles ; les Cordeliers entroient dans le presbytère avec les acolythes et le porte-croix du chapitre. On déposoit la châsse dessous le ratelier (1) et les Cordeliers demeuroient au chœur ainsi que le porte-croix, les acolythes du chapitre, le porte-croix des religieux et les chapiers qui avoient porté la châsse et on chantoit encore des répons. Après quoi les Cordeliers portoient le reliquaire dans le cloître du chapitre et en parcouroient les diverses salles en chantant, puis retournoient en procession, dans leur église, pour en célébrer

(1) On nommait *ratelier* une sorte de chandelier à sept branches dont on se servait dans l'ancienne liturgie lyonnaise.

l'octave. Il faut remarquer, qu'il n'y a point de chandeliers sur l'autel. Avant qu'on eut supprimé le râtelier, on ne mettoit pas de chandelier sur l'autel qui n'avoit d'autres ornements que la nappe pendante, la croix au milieu et les deux croix en mémoire du concile. Lorsqu'on supprima le râtelier, on le plaça derrière l'autel, il produisoit, à peu près, le même effet que celui qui couronne le grand autel de Saint-Etienne.

Alors on portoit le buste de saint Bonaventure, derrière l'autel, sur un petit piédestal sur lequel on plaça ensuite la croix de l'autel. Ce piédestal, prolongé à droite et à gauche, produisit ce qu'on appelât les gradins, sur lesquels on mit les chandeliers, et la croix prenant la place du septième chandelier, on n'en mit plus que six. Les cancelles qui venoient se joindre par derrière au petit autel de Saint-Spérat, se réunirent alors à ce prolongement de gradin.

XXVIII. — RÉPARATION D'UN SACRILÈGE COMMIS A ST-PAUL DE LYON en 1737.

(Extrait d'un mandement archiépiscopal.)

Mandement de Mgr l'archevêque pour la réparation d'un sacrilège ommis dans l'église collégiale et paroissiale de Saint Paul (1).

Charles-François de Châteauneuf de Rochebonne... archevêque et comte de Lyon... à tous les fidèles de la ville de Lyon... C'est dans la plus vive douleur dont nous puissions être pénétrés que nous sommes obligé d'exposer à vos yeux l'horrible profanation qui vient d'être commise dans une des plus considérables églises de cette ville... Des sacrilèges ont eu l'audace d'entrer, le 17 de ce mois (janvier 1737), à midy, dans l'église collégiale de Saint Paul, de monter à l'autel, d'ouvrir le tabernacle et d'emporter un des vases sacrés dans lequel reposoit la divine victime immolée pour nos péchés. Il est vrai que, peut-être par la crainte du dernier supplice, pour ne laisser aucun vestige de leur attentat, ils ont raporté dans la même église, sur un banc, le ciboire vide : mais qu'ont-ils fait, Seigneur, de votre corps adorable ?

... A ces causes... avons ordonné que l'église de Saint Paul, fer-

(1) Mandement imprimé à Lyon, chez P. Valfray. In-4°, 4 p. Bibliothèque de Lyon, n° 110.779.

mée par notre ordre depuis dimanche 20 du présent mois, restera en cet état jusqu'au dimanche suivant... Dimanche au matin 27, la déffense par Nous faite de continuer l'office divin dans l'église de Saint Paul sera levée par une procession solennelle du très saint sacrement qui partira de l'église de Saint Laurent et sera faite dans les lieux et de la même manière qu'aux jour et fête du saint sacrement, et rentrera ensuite dans ladite église de Saint Paul. Au retour, l'officiant fera une amande honorable et donnera la bénédiction du saint sacrement qu'il exposera pour les prières des Quarante-Heures, qui commenceront pour lors et finiront le mardy suivant au soir.

Le même jour 27e et après les vêpres, sera faite une retraite ou mission par les R. P. Jésuites qui durera pendant huit jours et le soir de chaque jour de l'octave on donnera, après la prédication, la bénédiction du saint sacrement qui sera précédée d'une amande honorable.

Le lundy 28 du même mois, le clergé de notre église primatiale ira processionnellement dans ladite église de Saint Paul, en chantant les pseaumes de la pénitence, y dira la grande messe, après laquelle le célébrant fera pareillement une amande honorable. Le chapitre de l'église de Saint Just s'y rendra le lendemain dans le même ordre et y fera le même office. Les autres églises tant collégiales que paroissiales et les communautés séculières et régulières iront aussi processionnellement dans ladite église en chantant les pseaumes de de la pénitence, y feront leurs stations et diront le repons *Domine non secundum*, après lequel on fera une amande honorable dont on trouvera une formule, imprimée par notre ordre, chez le sieur Valfray, notre imprimeur ordinaire...

Donné à Lyon... le 22 janvier 1737. (*Signé :*) Ch.-Fr. de Châteauneuf de Rochebonne, arch. de Lyon.

XXIX. — LES COUVENTS DE LYON
AU DÉBUT DE LA GRANDE RÉVOLUTION

Le *Bulletin historique* a publié à plusieurs reprises (1) des documents pouvant servir à une enquête sur l'état des couvents de Lyon en 1791 et 1792. Les pièces déjà éditées ont amené à

(1) *Bull. hist.*, (1903), p. 100, 102 et 132-4.

cette conclusion que bien peu de religieux et bien moins encore de religieuses demandèrent à cette époque à quitter leur monastère. La suite de cette enquête montrera qu'il en fut bien ainsi. Ces listes présentent en outre l'avantage de contenir des noms de familles lyonnaises, elles donnent des dates précises pour l'âge des personnes et l'époque de leur profession. C'est ce double titre qui leur vaudra d'être utilisées par l'historien ou le généalogiste.

I. — Etat des religieuses et sœurs existantes dans la maison de Sainte-Claire de Lyon, située rue Sainte-Claire, paroisse d'Ainay (1).

Antoinette Chazelle, sœur Marie de l'Ange gardien, professe le 10 juin 1738, âgée de 75 ans, veut continuer la vie commune.

Elisabeth Poisat, sœur Marie du Saint-Esprit, professe le 29 aoust 1742, âgée de 71 ans, veut continuer la vie commune.

Jeanne Pierrette Torrent, sœur Marie de Sainte-Claire, professe le 18 may 1744, âgée de 68 ans, veut continuer la vie commune.

Marie Aubernon, sœur Marie de Sainte-Reine, professe le 29 may 1749, âgée de 67 ans, veut continuer la vie commune.

Marie Boucher, sœur Marie de Sainte-Reine, professe le 25 juin 1749, âgée de 64 ans, veut continuer la vie commune.

Louise Laurent, sœur Saint-Jean-Baptiste, professe le 23 avril 1756, âgée de 67 ans, veut continuer la vie commune.

Françoise Terroussat, sœur Marie de Saint-Hilaire, professe le 27 avril 1756, âgée de 57 ans, veut continuer la vie commune.

Benoîte Doublier, sœur Marie de Sainte-Thérèse, professe le 30 avril 1756, âgée de 56 ans, veut continuer la vie commune.

Marie Brocette, sœur Marie de la Passion, professe le 14 septembre 1758, âgée de 56 ans, veut continuer la vie commune.

Elisabeth Torobert, sœur Marie du Cœur de Jésus, professe le 17 septembre 1758, âgée de 55 ans et demi, veut sortir de la maison pour aller dans une autre.

Claudine Ferrand. sœur Marie de la Sainte-Trinité, professe le 18 janvier 1762, âgée de 51 ans, veut sortir de la maison pour entrer dans une autre.

Anne Blume, sœur Anne-Marie-des-Anges, professe le 31 aoust 1765, âgée de 47 ans, veut continuer, provisoirement, la vie commune.

(1) Bibl. de Lyon, fonds Coste, ms. 2741, nouveau n° 289.

Marie-Magdeleine Debrye, sœur Marie-Magdeleine de Saint-Michel, professe le 31 aoust 1765, âgée de 46 ans, veut continuer la vie commune.

Marguerite Clerc, sœur Marie de Saint-Gabriel, professe le 17 septembre 1767, âgée de 44 ans, veut continuer la vie commune.

Jacqueline Guiot, sœur Marie de Saint-Raphaël, professe le 19 avril 1770, âgée de 44 ans, veut continuer la vie commune.

Benoîte Grobon, sœur Marie de Saint-François, professe le 27 juillet 1772, âgée de 42 ans, veut continuer la vie commune.

Anne Chaumas, sœur Marie de Sainte-Madeleine, professe le 7 juillet 1774, âgée de 37 ans et demi, veut continuer, provisoirement, la vie commune.

Antoinette Pitrat, sœur Marie de Saint-Alexis, professe le 10 aoust 1774, âgée de 37 ans, veut continuer la vie commune.

Françoise-Jeanne Clément, sœur Catherine de la Nativité, professe le 13 may 1776, âgée de 37 ans, veut continuer la vie commune.

Marthe Legout, sœur Marie-Marthe de l'Enfant-Jésus, professe le 16 juin 1777, âgée de 35 ans, veut continuer la vie commune.

Jacqueline Broy, sœur Marie de Saint-Joseph, professe le 1er novembre 1779, âgée de 40 ans, veut sortir de la maison pour entrer dans une autre.

Jeanne-Françoise Manière, sœur Marie de Sainte-Colette, professe le 20 may 1781, âgée de 37 ans, veut continuer la vie commune.

Judith Brunon, sœur Marie de Sainte-Agnès, professe le 30 octo-1781, âgée de 33 ans, veut continuer la vie commune.

Catherine Chevalier, sœur Marie de Jésus, professe le 14 janvier 1783, âgée de 35 ans, veut continuer la vie commune.

Marie Paisselier, sœur Marie de Saint-Pierre, professe le 1er avril 1786, âgée de 30 ans, veut continuer la vie commune.

Elie Quaint, sœur Marie de la Conception, professe le 3 may 1787, âgée de 26 ans, veut continuer la vie commune.

Benoîte Salanave, sœur Marie de l'Assomption, professe le 11 septembre 1789, âgée de 37 ans, veut continuer la vie commune.

Sœurs converses ou données.

Marie Sudit, sœur Marie-Claire, professe le 2 juillet 1742, âgée de 70 ans et demi, veut continuer la vie commune.

Marie Sizière, sœur Marie-Joseph, professe le 14 juillet 1747, âgée de 73 ans, veut continuer la vie commune.

Claudine Sudit, sœur Marie-Agnès, professe le 14 juillet 1747, âgée de 66 ans, absente.

Eléonore Conte, sœur Sainte-Thérèse, professe le 24 juin 1757, âgée de 53 ans, veut continuer la vie commune.

Etiennette Salignat, sœur Sainte-Blandine, professe le 23 octobre 1760, âgée de 55 ans, veut continuer la vie commune.

Jacqueline Levrat, sœur Marie-Marguerite, professe le 1er juin 1775, âgée de 38 ans, veut continuer la vie commune.

Margueritte Auger, sœur Marie Sainte-Cécile, professe le 5 août 1778, âgée de 34 ans, veut continuer la vie commune.

Pierrette Buyet, sœur Sainte-Marie, professe le 14 avril 1785, âgée de 29 ans, veut continuer la vie commune.

Le présent état arrêté et signé par nous, officiers municipaux, conformément et en exécution de notre procès-verbal de ce jour. A Lyon, le 8 janvier 1791. (*Signé :*) J.-M. Norand, Claude Arnaud-Tizon fils cadet, Chalier, Gilbert-Combe, J. Sauthenas, secrétaire, Pachot, Chapuy, Champagneux, Pressavin, Andrilliat.

II. — Nom des dames de la cy-devant maison des religieuses des Deux-Amants (1) :

Suzanne Reynard, 68 ans.
Margueritte Louis, seconde, 57 ans.
Jeanne Tollin, 81 ans.
Jeanne Catherine Durret, 73 ans.
Jeanne Fournel, 73 ans.
Benoîte Bruyset, 73 ans.
Jeanne Marie Desforesta, 68 ans.
Claudine Archambaud, 69 ans.
Jeanne Marie Menard, 66 ans.
Claudine Chaumont, 65 ans.
Elizabethe Louis, l'aînée, 58 ans.
Simone Martin, l'aînée, 57 ans.
Dorothée Martin, cadette, 56 ans.
Marie Anne Pittraz, 56 ans.
Claudine Louis, troisième, 52 ans.
Catherine Mathevot, 47 ans.
Catherine Suard, 32 ans.
Marie Gasparde Cotton, 47 ans.
Angélique Débrosse, 41 ans.
Angélique Ollier, 41 ans.
Anne Catherine Baroin, 35 ans.
Pierrette Chorlier, 38 ans.
Lucrèce Lortet, 42 ans.
Claire Dumarest, aînée, 33 ans.
Marie Magdelaine Guirodet, aînée, 38 ans.
Jeanne Marie Rouge, 34 ans.
Marie Alexandre Guirodet, cadette, 28 ans.
Claudine Catherine Veillard, 28 ans.
Françoise Magdelaine Sionnet, 30 ans.
Benoîte Demarest, cadette, 26 ans.

Sœurs Converses.

Anne Marc Rigolet, 71 ans.
Marie Clair, 51 ans.
Etiennette Renard, 48 ans.

(1) Même fonds, ms. 2752.

Benoîte Genevet, 55 ans.
Marie Antoinette Girard, 41 ans.
Jeane Marie Vallet, 45 ans.
Françoise Comte, 34 ans.

Je soussigné, officier municipal, certifie la liste ci-dessus et d'autre part sincère et véritable. Lyon, le 6 octobre 1792, l'an Ier de la République. (*Signé :*) J. F. Chalon, officier municipal.

III. — Etat des religieuses et converses qui composent la communauté du premier monastère de Sainte-Ursule de Lyon, rue Vieille-Monoy (1).

Dames de chœur, traitement 700 livres.

Françoise Gasquet, aux Bernardines (*mention ajoutée*).
Madeleine Antoinette Thomé, 65 ans.
Marie Anne Maindestre, 66 ans.
Geneviève Gasquet (*ajouté :* supérieure), 64 ans.
Marie Charroin, 79 ans.
Philiberte Delglat (*ajouté :* dépositaire), 66 ans.
Marie Perrier (*ajouté :* assistante), 63 ans.
Gabriel Girod de Montbellet, 62 ans.
Marie Reverony, 62 ans.
Blanche Sérisiat, 69 ans.
Madeleine Chassin de Marcilli, 52 ans.
Elisabeth Chapuis de Clerembert (*ajouté :* zélatrice), 51 ans.
Anne Claudine Marion, 49 ans.
Gabriel Pomier (*ajouté :* œconome), 41 ans.
Jeanne Marie Bruyas, 42 ans.
Marie Lhoste, 41 ans.
Gabriel Pelletier, 30 ans.
Joséphine Vauberet, 22 ans.
Flore Boulard, 35 ans.
Anne Marie Miège, (*ajouté :* novice), 17 ans.

Sœurs converses, traitement 350 livres.

Marie Andrée Charroin, 68 ans.
Pierrette Bonnefoix, 67 ans.
Marie Sérisiat, 53 ans.
Marie Revel, 52 ans.
Anne Rancy, 39 ans.
Marie Ressier, 30 ans.

Je certifie cette liste exatte. A Lyon le 10 may 1790. (*Signé :*) Sœur Geneviève Gasquet, supérieure. Paraphé par nous officier municipaux, en conformité de notre procès verbal de ce jour. A Lyon le 10 may 1790. (*Signé :*) Félissent, Fulchiron, Goudard jeune, Granier, Morin fils, secrétaire.

(1) Même fonds, ms. 2802, nouveau n° 303.

IV. — Etat des religieuses et sœurs converses existantes dans la maison du Verbe incarné du Saint-Sacrement, de Lyon située montée du Gourguillon (1).

Jeanne Louise de Leuillon, sœur du Cœur de Jésus, professe depuis 58 ans, âgée de 76 ans, veut rester en commun.

Margueritte Antoinette Besson, sœur Sainte-Dorothée, professe depuis 56 ans, âgée de 72 ans, veut rester en commun.

Benoîte Deville, sœur de l'Assomption, professe depuis 55 ans, âgée de 73 ans, veut rester en commun

Antoinette Perra, sœur Saint-Claude, professe depuis 53 ans, âgée de 72 ans, veut rester en commun.

Claudine Moiroux, sœur Saint-Augustin, professe depuis 42 ans, âgée de 60 ans, veut rester en commun.

Antoinette Mante, sœur Sainte-Thérèse, professe depuis 42 ans, âgée de 63 ans, veut rester en commun.

Françoise Poncet, sœur Saint-Denis, professe depuis 41 ans, âgée de 57 ans, veut rester en commun.

Anne Ribolet, sœur Saint-Ambroise, professe depuis 41 ans, âgée de 59 ans, veut rester en commun.

(Magdeleine Ribolet, âgée de 50 ans.)

Jeanne Ribolet, sœur Sainte-Anne, professe depuis 36 ans, âgée de 52 ans, veut sortir.

Marie-Laurence Charmetton, sœur Sainte-Magdelaine, professe depuis 36 ans, âgée de 53 ans, veut rester en commun.

Jeanne Marie Sahuc, sœur Sainte-Suzanne, professe depuis 34 ans, âgée de 53 ans, veut rester en commun.

Marie Anne Vial, sœur Sainte-Hélène, professe depuis 33 ans, âgée de 54 ans, veut rester en commun.

Marie Catherine Barizon, sœur Saint-Louis, professe depuis 34 ans, âgée de 54 ans, veut rester en commun.

Gabrielle Palluis, sœur Saint-Simond, professe depuis 32 ans, âgée de 50 ans, veut rester en commun.

Margueritte Cotton, sœur de l'Incarnation, professe depuis 27 ans, âgée de 44 ans, veut rester en commun.

Marie-Catherine Chalu, sœur Saint-Bernard, professe depuis 25 ans, âgée de 45 ans, veut rester en commun.

Françoise Charmetton, sœur Sainte-Elisabeth, professe depuis 24 ans, âgée de 43 ans, veut rester en commun.

(1) Même fonds, ms. 2812, nouveau n° 304. — Une seconde liste contenue dans le même fonds, ms. 2814, et écrite deux ans environ après, contient un nom de plus qu'on trouvera ici entre parenthèses.

Félicité Charmetton, sœur Sainte-Rosalie, professe depuis 24 ans, âgée de 41 ans, veut rester en commun.

Justine Émery, sœur Sainte-Mélanie, professe depuis 24 ans, âgée de 43 ans, veut rester en commun.

Eléonore Bruyas, sœur Saint-Antoine, professe depuis 24 ans, âgée de 47 ans, veut rester en commun.

RoseFrançoise Goudret, sœur Saint-Pierre, professe depuis 23 ans, âgée de 40 ans, veut rester en commun.

Agnès Duchamp, sœur Saint-Paul, professe depuis 22 ans, âgée de 43 ans, veut rester en commun.

Jeanne-Louise Rocque, sœur Saint-André, professe depuis 17 ans, âgée de 41 ans, veut rester en commun.

Jeanne Bruyas, sœur Saint-Benoît, professe depuis 17 ans, âgée de 41 ans, veut rester en commun.

Marianne Chinard, sœur du Saint-Esprit, professe depuis 11 ans, âgée de 36 ans, veut rester en commun.

Marie Savy, sœur du Saint-Sacrement, professe depuis 10 ans, âgée de 29 ans, veut rester en commun.

Etiennette Savy, sœur Sainte-Colombe, professe depuis 10 ans, âgée de 26 ans, veut rester en commun.

Elizabet Emery, sœur de la Conception, professe depuis 6 ans, âgée de 28 ans, veut rester en commun.

Claudine Tropenat, sœur Sainte-Victoire, professe depuis 5 ans, âgée de 27 ans, veut rester en commun.

Magdelaine Piongaud, sœur Sainte-Scholastique, professe depuis 3 ans, âgée de 21 ans, veut rester en commun.

Sœurs converses ou données.

Claudine Blanc, sœur Saint-Michel, professe depuis 30 ans, âgée de 54 ans, veut rester en commun.

Jeanne-Françoise Grand, sœur Marie-Marthe, professe depuis 25 ans, âgée de 52 ans, veut rester en commun.

Catherine Piégay, sœur Sainte-Blandine, professe depuis 24 ans, âgée de 53 ans, veut rester en commun.

Claudine Fillon, sœur du Saint-Enfant-Jésus, professe depuis 11 ans, âgée de 35 ans, veut rester en commun.

Jeanne Maime, sœur Saint-Jean, professe depuis 8 ans, âgée de 29 ans, veut rester en commun.

Sœurs données.

Catherine Marie Aaroux, sœur Marie, professe depuis 30 ans, âgée de 55 ans, veut rester en commun.

Margueritte Bouricand, sœur Margueritte, professe depuis 4 ans, âgée de 26 ans, veut rester en commun.

Margueritte Giberthier, sœur Pierrette, professe depuis 3 ans, âgée de 25 ans, veut rester en commun.

Absentes. Religieuses de ce Monastère qui se trouvent à Anduze.

Jeanne-Marie Lachasse, sœur Saint-Maurice, professe depuis 41 ans, âgée de 60 ans, veut rester en commun.

Elizabeth Emery, sœur Saint-Joseph, professe depuis 17 ans, âgée de 37 ans, veut rester en commun.

Le présent état arrêté et signé par nous, officiers municipaux, conformément et en exécution de notre procès-verbal de ce jour. A Lyon, ce 7 janvier 1791. (*Signé :*) Vachon aîné, Chalier.

V. — Etat des religieuses et Sœurs converses existantes dans la maison de la Visitation Sainte-Marie, premier monastère de Lyon, rue Sala, paroisse d'Ainay (1).

Marie Pierrette Verot, sœur Jeronime, professe le 25 sept. 1754, âgée de 59 ans, veut continuer la vie commune.

Marie Anne Marteron, sœur Séraphique, professe le 31 août 1728, âgée de 80 ans et demi, veut continuer la vie commune.

Virgine Saulx de Tavane, sœur Marie, professe le 21 juin 1741, âgée de 71 ans, veut continuer la vie commune.

Marie Ferrary, sœur Angélique, professe le 16 mars 1744, âgée de 66 ans, veut continuer la vie commune.

Elisabeth Nicole Jeanne de Souvigny, sœur Magdelaine Elisabeth, professe le 21 oct. 1747, âgée de 62 ans et demi, veut continuer la vie commune.

Catherine Ponchon, sœur Eléonore, professe le 12 nov. 1749, âgée de 62 ans et demi, veut continuer la vie commune.

Jeanne Marie Rose Andréa, sœur Marie Rose, professe le 25 nov. 1750, âgée de 59 ans, veut continuer la vie commune.

Marie Claudine Albouy, sœur Marie Glaudine, professe le 13 sept. 1734, âgée de 74 ans et demi, veut continuer la vie commune.

Hélène Cathelin, sœur Marie, professe le 25 janv. 1753, âgée de 57 ans, veut continuer la vie commune.

Catherine Pierrette Gabrielle Vernas, sœur Catherine Gabrielle, professe le 12 fév. 1753, âgée de 59 ans, veut continuer la vie commune.

(1) Même fonds, ms. 2817, nouveau n° 306.

Anne Magdelaine Victoire Dumarest, sœur Anne Magdelaine, professe le 5 sept. 1753, âgée de 57 ans, veut continuer la vie commune.

Claudine Verot, sœur Séraphique, professe le 25 sept. 1754, âgée de 57 ans, veut continuer la vie commune.

Margueritte Gay, sœur Rosalie, professe le 27 juin 1756, âgée de 54 ans, veut continuer la vie commune.

Jeanne Chalmette, sœur Françoise, professe le 28 mars 1758, âgée de 53 ans, veut continuer la vie commune.

Jacqueline Giraud de Monbelet, sœur Marie Geneviève, professe le 14 mars 1761, âgée de 50 ans, veut continuer la vie commune.

Françoise Lyon Claret de Fleurieu, sœur Agathe, professe le 25 may 1761, âgée de 48 ans et demi, veut continuer la vie commune.

Magdelaine Chalmette, sœur Angélique, professe le 7 may 1763, âgée de 47 ans et demi, veut continuer la vie commune.

Marie Clerc, sœur Anne Thérèse, professe le 28 may 1765, âgée de 46 ans, veut continuer la vie commune.

Marie Estiennette Boiron, sœur Marie Aimée, professe le 18 mars 1769, âgée de 43 ans, veut continuer la vie commune.

Philiberte Chorlier, sœur Marie, professe le 28 oct. 1770, âgée de 44 ans, veut continuer la vie commune.

Catherine de la Vernouse, sœur Constance, professe le 27 avril 1772, âgée de 38 ans, veut continuer la vie commune.

Antoinette Pitra, sœur Chantal, professe le 26 janv. 1775, âgée de 35 ans et demi, veut continuer la vie commune.

Pierrette Bailliat, sœur Péronne de Salle, professe le 25 mars 1777, âgée de 35 ans, veut continuer la vie commune.

Catherine Lantelme, sœur Xavier, professe le 25 mars 1777, âgée de 39 ans, veut continuer la vie commune.

Cristophe Françoise Louise Marie Magdelaine Rieussec, sœur Marie Magdelaine, professe le 2 avril 1777, âgée de 38 ans, veut continuer la vie commune.

Claudine Julie Coilot, sœur Claudine Julie, professe le 15 janv. 1778, âgée de 34 ans, veut continuer la vie commune.

Catherine Durand, sœur Aimée, professe le 18 oct. 1779, âgée de 38 ans, veut continuer la vie commune.

Jeanne Marie Boulanger, sœur Marie Jeanne, professe le 18 oct. 1779, âgée de 58 ans et demi, veut continuer la vie commune.

Jeanne Marie Robin, sœur Marie de Chantal, professe le 17 fév. 1783, âgée de 29 ans, veut continuer la vie commune.

Marianne Bosche, sœur Magdelaine Victoire, professe le 6 may 1783, âgée de 38 ans, veut continuer la vie commune.

Marie Louise Catherine Derivirie, sœur Louise Anastasie, professe le 4 sept. 1783, âgée de 44 ans, veut continuer la vie commune.

Elisabeth Jeanne Deprévidé, sœur Thérèse Elisabeth, professe le 21 déc. 1785, âgée de 29 ans, veut continuer la vie commune.

Marie Adélaïde Dubouquet, sœur Marie Adélaïde, professe le 24 janv. 1787, âgée de 37 ans et demi, veut continuer la vie commune.

Benoîte Marie Sophie de Chambaran, sœur Marie Stanislas, professe le 17 avril 1787, âgée de 22 ans et demi, veut continuer la vie commune.

Louise Catherine Servan, sœur Catherine Elisabeth, professe le 8 may 1787, âgée de 27 ans et demi, veut continuer la vie commune.

Marie Thérèse Sophie Gabet, sœur Thérèse Sophie, professe le 10 oct. 1787, âgée de 27 ans et demi, veut continuer la vie commune.

Claire Françoise Bibiane Victoire Jaumar, sœur Victoire Félicité, professe le 25 janv. 1788, âgée de 22 ans, veut continuer la vie commune.

Joseph Christine Montillet de Chatelar, sœur Joseph Gabrielle, professe le 21 juin 1762, âgée de 45 ans et demi, veut continuer la vie commune.

Sœurs converses ou données, traitement 350 livres.

Marie Tollot, sœur Marie Charlotte, professe le 14 déc. 1755, âgee de 67 ans, veut continuer la vie commune.

Jeanne Marie Phily, sœur Jeanne Marie, professe le 5 juin 1760, âgée de 54 ans, veut continuer la vie commune.

Denise Joly, sœur Marie Denise, professe le 1er avril 1764, âgée de 48 ans et demi, veut continuer la vie commune.

Claire Fillion, sœur Claire Elisabeth, professe le 30 sept. 1770, âgée de 48 ans, veut continuer la vie commune.

Marie Grégoire, sœur Marie Augustine, professe le 1er may 1774, âgée de 49 ans, veut continuer la vie commune.

Marie Anne Monet, sœur Anne Marie, professe le 27 aoust 1780, âgée de 37 ans, veut continuer la vie commune.

Marie Chesne, sœur Marie Thérèse, professe le 22 may 1785, âgée de 36 ans, veut continuer la vie commune.

Catherine Berieux, sœur Marie Catherine, professe le 5 juil. 1789, âgée de 30 ans, veut continuer la vie commune.

Sœurs tourrières.

Marie Estiennette Bonnard, sœur Marie Estiennette, professe le 25 mars 1749, âgée de 74 ans, veut continuer la vie commune.

Marie Rillieux, sœur Marie Joseph, professe le 2 juil. 1753, âgée de 72 ans, veut continuer la vie commune.

Claudine Rival, sœur Claudine Agathe, professe le 15 aoust 1758, âgée de 55 ans, veut continuer la vie commune.

Pierrette Chavanne, sœur Pierrette Alexix, professe le 16 may 1781, âgée de 32 ans, veut continuer la vie commune.

Catherine Monfouilloux, sœur Louise Antoinette, professe le 5 juil. 1789, âgée de 25 ans, veut continuer la vie commune.

Le présent état arrêté et signé par nous officiers municipaux, conformément et en exécution de notre procez-verbal de ce jour. Lyon, le 7 janvier 1791. *(Signé :)* J. M. Rocaud, Gilbert Combe, Claude Arnaudtizon fils cadet, Pachot, Chapuy, Chalier, Lanthenas, secrétaire ; Pressavin, Andrilliat, Champagneux.

VI. — Liste des religieuses et sœurs converses du monastère de la Visitation Sainte-Marie de l'Antiquaille (1).

Angélique Dumarest, supérieure, âgée de 53 ans (57).

Marie Joseph Denervo, 78 ans (80).

Marie Péronne Conque, 69 ans (71).

Jeanne Magdelaine Giraud, 68 ans (71)

Gabrielle Sophie Pralard, 67 ans (70).

Marie Aimée Giraud, 64 ans (67).

Marie Claire de Cotton, 59 ans (61 et demi).

Antoinette Séraphique Meyzieux, 62 ans (64).

Anne Marie Flurant, 60 ans (63).

Thérèse Antoinette Fau, 60 ans (63).

Marie Thérèse Estournelle, 57 ans, (*sortie*).

Marguerite Agnès Louis, 59 ans et demi (62).

Marie Bonne Michel, 54 ans (57).

Jeanne Françoise Fau, 53 ans (56 trois quarts).

Marie Dédale de la Chapelle, 57 ans (59 trois quarts).

Marie Victoire Galy, 47 ans (49).

Marie Gabrielle Jacob, 43 ans (45).

Péronne Joseph Richard, 46 ans (48 et demi).

Marie Anne Régis Couppier, 57 ans (59 trois quarts).

Thérèse de Chantal Richard, 42 ans (44 et demi).

Marie Elisabeth Berthaud, 39 ans (41).

Margueritte Henriette Ronin de Chataigner, 42 ans (44).

Françoise Catherine Richard, 39 ans (41 trois quarts).

Marie Christine Gilbert, 33 ans (38 trois quarts).

(1) Même fonds, ms. 2819. — Un document postérieur donne une nouvelle liste et l'âge des religieuses, on trouvera ces indications entre parenthèses et à la fin de chaque nom.

Marie Blaisine Chanoner, 36 ans (39).

Marie Magdelaine Guillet, 30 ans (32 et demi).

Marie Louise de Bouillane, 39 ans (43).

Marie Pélagie Berger, 27 ans (30), dans un état d'imbécilité depuis 4 ans.

Marie Jéronime Lefort, 36 ans (38 trois quarts).

Victoire Seraphine Vincent, 26 ans (28).

Thérèse-Félicité Dupin, 41 ans, (*mention effacée plus tard*).

Marie Anastasie de Courcieux 24 ans (27 trois quarts).

Marie Adélaïde Froment, 23 ans (25 et demi).

Marguerite Rosalie Bertucat, 26 ans (28).

Marie Hélène Merlin, 46 ans (48 et demi).

Marie Euphrosine Lagot, 33 ans (35 trois quarts).

Marie de Chantal de Guillet, 50 ans (52 et demi). Transférée il y a près d'onze ans dans la Maison de l'Enfance, par ordre de messieurs les supérieurs ecclésiastiques et le consentement de sa famille pour cause de son état de folie, après des preuves bien reconnues et vérifiées par les uns et par les autres.

Sœurs converses.

Jeanne Cécile Nicolas, 78 ans (80).

Catherine Thérèse Pupier, 67 ans (morte).

Marie Claudine Guyot, 59 ans (61).

Jeanne Elisabeth Ritton, 50 ans (52).

Françoise Monique Gros, 45 ans (47).

Marie Marthe Besson, 39 ans (42).

Louise Blandine Rollet, 36 ans (38).

Marie Benoîte Bernard, 32 ans (34).

Sœurs tourrières.

Marie Augustine Goutte, 60 ans (62 environ).

Marie Catherine Trigon, 51 ans (53).

Marie Marguerite Grégoire, 35 ans (37).

Claudine Geneviève Bernard, 30 ans (32).

Je soussignée certifie sincère et véritable l'état cy dessus, par écrit. A Lyon, le 3 may 1790. (*Signé :*) Marie Angélique Dumarest, supérieure.

Paraphé par nous, maire et officier municipaux de la ville de Lyon, en conformité de notre procès verbal de ce jour, 3 mai 1790. (*Signé :*) Berthelet, Palernod, Savy, Dupont neveu, Charmillon, Dupuis, Félissent, Luc Candy.

VII. — Etat des religieuses composant la communauté de la Visitation de Sainte-Marie dite des Chaînes (1).

Marie Thérèse Ravachol aînée, 71 ans.
Marie Félicitée Durdily, 65 ans.
Marie Suzanne Pullignieux 67 ans.
Marie Bonne Flurieux, 67 ans.
Marie Françoise Sugny, 68 ans.
Françoise Marie Ravachol, 64 ans.
Marie Magdelaine Ravachol, 63 ans.
Marie Agnès Boisse, 62 ans.
Marie Anne Gabrielle Spouton, 66 ans.
Marguerite Séraphique Spouton, 64 ans.
Marie Augustine Spouton, 62 ans.

Nous commissaire délégué par le conseil général de la commune de Lyon, certifions l'état nominatif mentionné cy desus véritable comme ausi avoir vu et parlé à chacune des sus-nommées. Lyon, le 13 septembre 1792, l'an 4e de la liberté et de l'égalité. (*Signé :*) Le secrétaire : Rivaud, officier municipal.

(1) Même fonds, ms. 2821, nouveau n° 308.

Lyon. — Imp. Emmanuel VITTE, rue de la Quarantaine, 18.

Hommage de l'Auteur.

Mélanges

D'ARCHÉOLOGIE ET D'HISTOIRE

LYONNAISES

PAR

L'ABBÉ J.-B. MARTIN

PROFESSEUR D'ARCHÉOLOGIE CHRÉTIENNE AUX FACULTÉS CATHOLIQUES DE LYON

FASCICULE VI

SOMMAIRE

Les Couvents de Lyon au début de la grande Révolution : les Carmélites; la Déserte; les Colinettes; les religieuses de Saint-Pierre; les Chazeaux; les Ursulines. — Obituaire des Capucins de Charlieu et de Tarare. — Les religieux du tiers ordre des Franciscains de la Guillotière. — Chronique d'Ainay au XVIIIe siècle.

LYON

IMPRIMERIE EMMANUEL VITTE

18, rue de la Quarantaine, 18

1905

Extrait du *Bulletin historique du diocèse de Lyon*, 1904-1905.

XXIX. — LES COUVENTS DE LYON

AU DÉBUT DE LA GRANDE RÉVOLUTION

(Suite et fin.)

VIII. — Etat des religieuses et sœurs converses existantes dans la maison des Carmélites de Lyon, située montée des Carmélites (1) :

Jeanne Goutelle, sœur Marie de Saint-Joseph, professe depuis 36 ans, âgée de 58 ans, veut continuer la vie commune.

Jeanne-Elisabeth Chirat, sœur Thérèse du Saint-Esprit, professe depuis 55 ans, âgée de 75 ans, veut continuer la vie commune.

Barbe Gilliet, sœur Marie de la Conception, professe depuis 50 ans, âgée de 70 ans, veut continuer la vie commune.

Marie Moline, sœur Constance, professe depuis 47 ans, âgée de 66 ans, veut continuer la vie commune.

Rose Bais, sœur Marie-Rose du Saint-Sacrement, professe depuis 44 ans, âgée de 63 ans, veut continuer la vie commune.

Catherine Fayet, sœur de Jésus, professe depuis 44 ans, âgée de 63 ans, veut continuer la vie commune.

Jeanne-Marie Froment, sœur Jeanne-Marie, professe depuis 42 ans âgée de 66 ans, veut continuer la vie commune.

Marie-Marguerite Bourg, sœur Marie-Marguerite, professe depuis 38 ans, âgée de 59 ans, veut continuer la vie commune.

Catherine Chalmette, sœur Marie-Catherine Sainte-Thérèse, professe depuis 35 ans, âgée de 54 ans, veut continuer la vie commune. (*Plus tard ajouté :* morte).

Catherine Chaland, sœur Séraphin, professe depuis 32 ans, âgée de 63 ans, veut continuer la vie commune. (*Plus tard ajouté :* morte.)

Marie André Joséphine de Jonage, sœur Marie Joseph de Saint-

(1) Même fonds, ms. 2735.

André, professe depuis 32 ans, âgée de 53 ans, veut continuer la vie commune.

Julienne Chaland, sœur Marie Julie de St-François-Xavier de Jésus, professe depuis 31 ans, âgée de 63 ans, veut continuer la vie commune.

Marianne Beraud, sœur Anne de Jésus, professe depuis 30 ans, âgée de 50 ans, veut continuer la vie commune.

Anne Vial, sœur Marie Magdelaine de la Croix, professe depuis 30 ans, âgée de 59 ans, veut continuer la vie commune.

Catherine Faure, sœur Marie Félicité, professe depuis 27 ans, âgée de 47 ans, veut continuer la vie commune.

Jeanne Richon l'aînée, sœur Henriette, professe depuis 28 ans, âgée de 45 ans, veut continuer la vie commune.

Jeanne Peillon, sœur Aimée de Jésus, professe depuis 26 ans, âgée de 46 ans, veut continuer la vie commune.

Eléonor Vial, sœur Marie Eléonore de Jésus, professe depuis 25 ans, âgée de 48 ans, veut continuer la vie commune. (*Ajouté plus tard :* morte.)

Marie Deville, sœur Anne Thérèse de Saint-Albert, professe depuis 24 ans, âgée de 43 ans, veut continuer la vie commune.

Marguerite Moynier, sœur Pauline, professe depuis 22 ans, âgée de 47 ans, veut continuer la vie commune.

Emeraude Richon cadette, sœur Marie de Saint-Michel, professe depuis 20 ans, âgée de 38 ans, veut continuer la vie commune.

Claudine Valin, sœur Jeanne Thérèse de Jésus, professe depuis 20 ans, âgée de 45 ans, veut continuer la vie commune.

Jeanne Marie Duculty, sœur Magdelaine de Saint-Joseph, professe depuis 19 ans, âgée de 47 ans, veut continuer la vie commune.

Marianne Goulard, sœur Sainte-Thérèse, professe depuis 18 ans, âgée de 41 ans, veut continuer la vie commune.

Marie Lucie de Mayol, sœur Thérèse du Sacré-Cœur, professe depuis 17 ans, âgée de 37 ans, veut continuer la vie commune.

Jeanne André Herque, sœur Marie-Elizabeth, professe depuis 12 ans, âgée de 38 ans, veut continuer la vie commune.

Suzanne Clément, sœur Thérèse du Saint-Esprit, professe depuis 11 ans, âgée de 33 ans, veut continuer la vie commune.

Marie Françoise de Borssat, sœur Marie de Jésus, professe depuis 11 ans, âgée de 30 ans, veut continuer la vie commune.

Magdeleine La Sausse, sœur Victoire de Jésus, professe depuis 8 ans, âgée de 30 ans, veut continuer la vie commune.

Louise Rossary, sœur Marie-Thérèse de Saint-Joseph, professe depuis 4 ans, âgée de 34 ans, veut continuer la vie commune.

Sœurs converses et données.

Françoise Bruyas, sœur Lucie de Jésus, professe depuis 31 ans, âgée de 62 ans, veut continuer la vie commune.

Marie-Jacqueline Pinet, sœur Marie-Marthe, professe depuis 16 ans, âgée de 41 ans, veut continuer la vie commune.

Etiennetté Chambry, sœur Marie-Etiennette de l'Incarnation, professe depuis 11 ans, âgée de 33 ans, veut continuer la vie commune.

Fleurye Buisson, sœur Anne de Saint-Barthélemy, professe depuis 4 ans, âgée de 27 ans, veut continuer la vie commune.

Benoîte Piot, sœur Marie, professe depuis 25 ans, âgée de 51 ans, veut continuer la vie commune.

Le présent état est arrêté et signé par nous, officiers municipaux, conformément et en exécution de notre procès-verbal de ce jour. Lyon, le huit janvier 1791. (*Signé* :) Chalier, Maissonneuve.

L'on a omis une sœur tourière, nommée Claudine Baunis, âgée de 30 ans.

IX. — Religieuses de la Déserte (1).

Cejourd'hui vendredi, 13 janvier 1792, et la IVe de la Liberté françoise, nous Claude Arnaud-Tizon et Claude Caron, officiers municipaux, délégués par le corps municipal à l'effet de vériffier et constater l'existence des dames vivant en commun dans la maison dite de la Déserte ; où étant, nous avons interpellé madame la supérieure de nous dire son nom ainsi que toutes les dames vivant dans ladite maison.

Jeanne Marie Alexandrine Montjouvant.
Marie Françoise Donoraty.
Pierrette Rufier, l'ainée.
Françoise Pourtanier.
Nicole Anne Marie Cherpin.
Charlotte Magdelaine Vaguet.
Anne de Bavoz.
Marguerittе Lecomte.
Jeanne Bugnon.
Jeanne Ruffier, cadette.
Marie Anne Richard.
Anne de La Fay.
Magdelaine Françoise Boulard.
Camile Clair.
Anne Françoise Idt.
Jeanne Lecomte.
Suzanne Biclet.
Louise Durand.
Jeanne Catherine Miège.
Gabrielle Archier.
Andrée Pinoncély.
Benoîte Elizabeth Fusseraud.
MarieCatherine Changrin, l'ainée.
Blanche Jacobé Changrin, cadette.

(1) Même fonds, ms. 2750. A côté de chaque nom se trouve la signature autographe des religieuses, ce qui a permis d'en établir l'orthographe exacte.

Catherine Garcin.
Marie Charlotte Durdilly.
Margueritte Matton.
Louise de Bavoz.
Marie Mercier.
Margueritte Echard.
Marie Christine Schouler.

Sœmrs converses.

Léonord Chavagneux.
Jeanne Lagrève.
Catherine Dubois.
Jeanne Carret.
Etiennette Riboulet.

Sœurs données.

Marie Berthier.
Benoîte Mallet.
Jeanne Petitjean.
Antoinette Chevrot.

Ayant reconnu que le nombre des dames s'élevait à trente et une, celui des sœurs converses à cinq et celui des sœurs données à quatre, nous nous sommes retirés. Fait et clos les jour et an susdits. (*Signé* :) Arnaud-Tizon, officier municipal ; Claude Carron.

Puisqu'il est ici question de l'abbaye de la Déserte, il ne sera pas sans intérêt de donner ici le document suivant qui résume l'histoire du couvent et donne le nom et la date de toutes les abbesses qui l'ont gouverné. (Même fonds. ms. 2747, nouveau n° 289).

Fondation de l'abbaye royale de Notre-Dame de la Déserte, l'an du salut 1304, le 1er janvier.

L'abbaye des dames religieuses de la Déserte fut fondée à Lyon par la princesse Blanche de Chalon, fille de Jean de Chalon, comte de Bourgogne. Cette dame ayant été mariée, en première noce, à un prince de Beaujeu, nommé Guychard IVe (on a *corrigé* Ve) du nom, (*ajouté :* fils d'Humbert Ve) qui possédoit des grands biens et prérogatives à Lyon ; elle n'eut point d'enfants. Il mourut le 9 may 1265. (*Ajouté :* Elle fut, par son mariage, dame de Belleville.) Elle épousa en seconde nopces Béraud de Mercœur IXe du nom, en 1268, dont elle eut Béraud de Mercœur Xe du nom. Après la mort de son second mary, elle fit battir l'abbaye de la Déserte qu'elle fonda et dotta par acte du 7 janvier 1304, reçu Simon ; elle édifia cette abbaye pour elle et autres dames faisant profession de la vie religieuse qu'elle nomma la Déserte, qui ettoit allors hors la ville. Elle établit cette abbaye soubs la règle de Sainte-Claire mitigée, à condition que les religieuses ne seroient point mendiantes. Elle l'érigea soubs le vocale (*sic*) de Notre-Dame de la Déserte, de tous les Saints et de Saint-Damien en particulier, à condition que l'on prieroit pour le repos de son âme et de celle du prince son époux. Elle fit venir de

Brienne dame Jeanne Dupuy, première abbesse, avec trois autres religieuses à la Notre-Dame d'aoust, et quatre autres religieuses dudit Brienne vinrent joindre les quatre premières à la Saint-Michel en la même année.

Nombres des abbesses qui onts gouvernées l'abbayee de la Déserte depuis la fondation qui fut faite en 1304 :

Blanche de Chalon, fondatrice.
1. Jeanne Dupuy, 1304.
2. Mathire de Durcia, 1310.
3. Aiguette de Dieux.
4. Jeanne de Durcia.
5. Jacquette de Latra.
6. Jeanne Humili, 1315.
7. Jacquette de Lacre, 1331.
8. Catherine de Valsalieu, 1351.
9. Tichelle (*sic*) de Varrey, 1359.
10. Isabeau Duys, 1371.
11. Isabelle Joffrey, 1382.
12. Estiennete de Chalentin, 1406.
13. Ampheline Burle, 1406.
14. Bernarde Barral, 1413.
15. Béâtrisie Thimote, 1425.
16. Catherine Carronière, 1436.
17. Anthoinete de Turnaire, 1480.
18. Anthoinete de Lupercieu, 1481.
19. Marguerite de Varey, 1484.
20. Catherine Garin, 1493.
21. Catherine de Vallieu, 1501.
22. Pernette Poipe, 1507.
23. Jeanne de Gramond, 1513.
24. Catherine de Grammond, 1514.
25. Anthoinete de Saint-Amour, 1521.
26. Claude de Clérat, 1545.
27. Louise Dumas, 1566.
28. Laurence Bernard, autre du Bousy, 1585.
29. Guionne de Chaponay, 1585.
30. Marguerite de Quibly, en 1618, eut le gouvernement de cette abbaye à l'âge de 21 ans, et, deux ans après, elle y établit la clôture et la réforme ; elle obtint une bulle d'Urbin VIII qui les mit absolument sous la règle mitigée de Saint-Benoist ; cet établissement ce fit le 6 aoust 1623. Cette digne abbesse n'éttoit qu'à la 23e année de son âge, quand elle fit cette sainte entreprise, qu'elle soutint avec une ferveur digne d'admiration ; enfin, étant âgée de 83 ans, elle alla ce reposer en Dieu et recevoir la récompense de ses bonnes œuvres.
31. Marguerite de Quibly, IIe du nom, 1675.
32. Anthoinete de Chastillon, 1702.
33. Marie de Foudras de Chateautier, 1715.
34. Claudine Constance de Moyria de Chastillon, 1732.
35. Jeanne Marie Alexandrine de Montjouvent, 1758.

X. — Etat des religieuses et sœurs converses existantes dans la maison des dames religieuses Collinettes de la ville de Lyon, située sur la balme de Saint Clair (1).

(1) Même fonds, ms. 2757, nouveau n° 295. Cette présente liste a, plus tard, été corrigée et modifiée. On a mis ici entre parenthèses les changements qui y ont été apportés.

(Françoise Duvernay l'ainée, supérieure, directrice de l'école, âgée de 56 ans.)

Marie-Madeleine Panthot, sœur Madelaine de Saint-Joseph, professe en 1729 (professe des Deux-Amants), âgée de 81 ans, veut vivre en commun.

Jeanne-Marie Pascal, sœur Marie Dorothée du Saint-Esprit, professe en 1733, âgée de 87 ans, veut vivre en commun.

Marguerite Villemagne, sœur Marguerite des Anges, professe en 1730 (professe des Deux-Amants), âgée de 77 ans, veut vivre en commun.

Jeanne Peysson de Bacot, sœur Elisabeth de Saint-Paul (vicaire directrice de l'école), professe en 1734, âgée de 79 ans, veut vivre en commun.

Marie-Marthe Bouttut de St-Fond, sœur Marie-Victoire de Sainte-Marthe, professe en 1738 (professe des Deux-Amants), âgée de 70 ans, veut vivre en commun.

Benoîte Foulaud, sœur Marie de Saint-Hyacinthe (discrette et tourière), professe en 1740, âgée de 70 ans, veut vivre en commun.

Thérèse Chirat, sœur Anne des Anges (portière professe des Deux-Amants), professe en 1740; âgée de 70 ans, veut vivre en commun.

Marianne Bagnon, sœur Marie de Saint-Pierre, professe en 1745, âgée de 70 ans, veut vivre en commun.

Françoise Chapuis, sœur Agathe Saint-François (employée pour l'école), professe en 1747, âgée de 70 ans, veut vivre en commun.

Jacqueline Guinand, sœur Roze de Saint-Bazille (dépositaire et discrette), professe en 1748, âgée de 62 ans, veut vivre en commun.

Françoise Letellier, sœur Gabrielle de Jésus (discrette et sacristaine), professe en 1754, âgée de 56 ans, veut vivre en commun.

Etiennette Fongier, sœur Marguerite de Saint-Etienne, professe en 1755, âgée de 64 ans, veut vivre en commun.

Françoise Duverney l'aînée, sœur Anastasie de Sainte-Françoise, professe en 1755, âgée de 56 ans, veut vivre en commun.

Catherine Duvernay, cadette, sœur Marie de Saint-Joseph, professe en 1755, âgée de 55 ans, veut vivre en commun.

Marie Andrée Courajod l'aînée, sœur Cécile de Saint-André, professe en 1758, âgée de 51 ans, veut vivre en commun.

Eléonore Courajod, sœur Tècle de Saint-Augustin, professe en 1758, âgée de 50 ans, veut vivre en commun.

Marie Ribier, sœur Marie de Saint-Ignace, professe en 1760, âgée de 54 ans, veut vivre en commun.

Claudine Rast, sœur Marie-Séraphique de Jésus, professe en 1762, âgée de 49 ans, veut vivre en commun.

Louise Courajod, sœur Agnès de Jésus, professe en 1763, âgée de 44 ans, veut vivre en commun.

Marie Anne Dujas, sœur Marie-Anne de Saint-Jean, professe en 1763, âgée de 45 ans, veut vivre en commun.

Claudine Vedel, sœur Marie de Saint-Paulin, professe en 1765, âgée de 44 ans, veut vivre en commun.

Barbe Madelaine Morand, sœur Marie Saint-Cyprien (première maîtresse du pensionnat), professe en 1767, âgée de 56 ans, veut vivre en commun.

Marie Pierrette Courajod, sœur Marie Thérèse de Saint-Séraphin (employée pour l'école), professe en 1768, âgée de 39 ans, veut vivre en commun.

Antoinette Elisabeth Baroud, sœur Marie Euphrasie de Saint-Louis, professe en 1769, âgée de 40 ans, veut vivre en commun.

Anne Benoitte Martin, sœur Marie Elizabeth de Saint-Louis, professe en 1770, âgée de 46 ans, veut vivre en commun.

Jeanne Cattin, sœur Marie de Saint-Alexis, professe en 1771, âgée de 43 ans, veut vivre en commun.

Marie Françoise Décorcent, sœur Marie de la Conception, professe en 1775, âgée de 46 ans, veut vivre en commun.

Jeanne Marie Vincent, sœur Marie Claire de Saint-Joseph, professe en 1775, âgée de 42 ans, veut vivre en commun.

Marthe Cattin, sœur Magdelaine de Saint-François (employée pour l'école), professe en 1776, âgée de 35 ans, veut vivre en commun.

Jeanne Louis Joassard, sœur Marie Scholastique de Saint-Charles, (deuxième maîtresse des pensionnaires), professe en 1778, âgée de 31 ans, veut vivre en commun.

Georges (Georgette) Colis, sœur Marie-Angélique du Saint-Esprit, (troisième maîtresse des pensionnaires), professe en 1781, âgée 33 ans, veut vivre en commun.

Benoîte Laget, sœur Thérèse de Jésus, professe en 1782, âgée de 35 ans, veut vivre en commun.

Françoise Cornély, sœur Marie Rosalie de la Nativité, professe en 1786, âgée de 40 ans, déclare qu'elle entend sortir pour se retirer dans sa famille.

Marie Joséphine Courbon, sœur Marie Catherine de Jésus, professe en 1786, âgée de 27 ans, veut vivre en commun.

Catherine Lavie, sœur Marie de Tous-les-Saints (employée pour l'école), professe en 1789, âgée de 20 ans, veut vivre en commun.

Reine-Anne Joly, sœur Elizabeth de Saint-Joseph, professe en 1789, âgée de 23 ans, veut vivre en commun.

Sœurs converses.

Pierrette Gorel, sœur Jeanne de Saint-Sébastien, professe en 1755, âgée de 66 ans, veut vivre en commun.

Madelaine Riboulet, sœur Marguerite de Saint-Céroule, professe en 1758, âgée de 58 ans, veut vivre en commun.

Claudine Combe, sœur Claudine Saint-Bonaventure, professe en 1768, âgée de 47 ans, veut vivre en commun.

Margueritte Bérieux, sœur Catherine de Saint-Raphaël, professe en 1769, âgée de 45 ans, veut vivre en commun.

Anne Chazette, sœur Marie de Saint-Didace, professe en 1777, âgée de 42 ans, veut vivre en commun.

Jeanne Richard, sœur Marie-Marthe, professe en 1789, âgée de 26 ans, veut vivre en commun.

Le présent état arrêté et signé par nous, officiers municipaux, conformément et en exécution de notre procès verbal de ce jour. A Lyon, le huit janvier 1791. (*Signé*) : J.-M. Norand, Chalier, Nivière-Chol, Andrilliat, Champagneux, Chapuy, Pressavin.

XI. — Etat nominatif des dames abesses et religieuses de l'abbaye de Saint-Pierre de Lyon (1).

Dames de chœur, 32. Traitement 700 livres.

Margueritte Magdelaine de Monteynard, abesse, née le 25 juillet 1724

Charlotte-Bonnaventure de Moyria de Maillac, prieure, née le 7 juin 1723.

Claudine Gabrielle de Michallon, sous-prieure, née le 3 juin 1731.

Marie-Margueritte de Saint-Priest de Sainte-Colombe, née le 25 avril 1725.

Marie Anne Chovez, née le 25 aoust 1724.

Louise Pelliex, née le 3 juillet 1731.

Marie Jeanne Pierrette de Michallon, gardienne, née le 1er novembre 1729.

Louise de Bavoz de Doncieux, née le 21 décembre 1730.

Marie-Françoise Arnaud de Roussit de Verneuil, née le (*en blanc*) novembre 1730.

Louise Bossant, née le 10 novembre 1733.

Marie Anne Bais, née le 24 juin 1732.

Benoîte-Elizabeth Mermier, née le 30 octobre 1731.

Anne-Philipe Lousmeau Dupont, née le 17 septembre 1732

Catherine Durand, née le 8 octobre 1740.

(1) Bibl. de Lyon, fonds Coste, ms. 2799, nouveau n° 302.

Magdelaine Dangelin, née le 13 septembre 1732.
Antoinette Prost de Grange-Blanche, née le 13 aoust 1741.
Geneviève Henriette de Lestrange, gardienne, née le 7 septembre 1747.
Marie Frédéric Chapuis de Laval, née le 9 mars 1747.
Henriette Françoise de Lestrange, née le 22 may 1749.
Sophie de Droz, née le 18 novembre 1748.
Ursule Rosalie Bouillet, née le 24 décembre 1742.
Jeanne Marie Joseph Fleury, née le 9 janvier 1750.
Hélène Charlotte de Lestrange, née le 31 mars 1755.
Marie Victoire Serre de Montjullin, née le 30 juillet 1751.
Françoise Victoire de la Tour-du-Pin-Montauban, née le 4 novembre 1756.
Marie Reine Charlotte de la Fayolle, née le 8 juillet 1752.
Antoinette Françoise de Monthoux, née le 28 juin 1756.
Benoîte Marie de Corbeau, née le 18 novembre 1755.
Marie Elisabeth de Monthoux, née le 24 may 1757.
Claudine Joseph Jallier Dumollard, née le 18 novembre 1764.
Thérèse de Bavoz de Doncieux, née le 2 juin 1768.
Pierrette Terme, née le 20 mars 1768.

Sœurs converses. Traitement : 350 livres.

Bonne Brunet, née en 1712.

Je soussigné Margueritte Magdelaine de Monteynard, abesse de l'abbaye royale de St Pierre de Lyon, certifie l'état cy-dessus véritable. A Lyon, le dix may mil sept cent quatre-vingt dix. (*Signé*) : Margueritte Magdelaine de Monteynard, abbesse de St Pierre. Paraphé conformément au procès verbal de ce jour, 11 mai 1790. (*Signé*) : Dupont neveu, Berthellet, Palerne de Savy, Luc Candy, Dupuis, Rouchel secrétaire.

XII. — Religieuses des Chazeaux (1).

Ce jourd'huy 11 janvier 1792, nous, officiers municipaux, délégués par le corps municipal à l'effet de nous transporter dans les communautés du canton de la métropole, nous sommes transportés dans la communauté des dames vivant dans la maison ditte des Chazots, où se sont individuellement présentées à nous : dame Savaron, supérieure, Dauphin, Galtier, Vérat, Cochardet, Lamy, Bailly, Caron, Surel, Ollier, Gardel, Chalan, Berruyer (malade), Fontanet, Caron cadette, Fay, Bruyas, Bouvier, Granjon, Pelletier, Robin, Roche ai-

(1) Même fonds, ms. 2739, nouveau n° 288.

née, Roche cadette, Josserand. Sœurs converses : Magninier tante, Magninier nièce, Guyot, Colonge, Silvain. Et a la dame supérieure de la ditte communauté signé avec nous le présent, en déclarant que toutes les dames composant la communauté sont contentes de mener la vie commune. (*Signé :*) Sr Savaron supérieure de Chazaux, sr Dauphin, économe, Gleyze aîné, officier municipal, Curet, officier municipal.

A ce document est joint, dans le même fonds, ms. 2737, une pièce intéressante, donnant l'historique de la communauté des Chazeaux. On transcrit ici, cette pièce, courte et substantielle apportant des renseignements qu'on n'a point trouvés ailleurs.

La communauté de Chazaux a été établie dans le Forez en l'année 1552 (*corrigé :* 1332) sous la règle d'Urbanistes.

On ne sait pas précisément le temps où l'on a commencé à y professer la règle de saint Benoît, il est à présumer que ç'a été lorsqu'on l'a érigé en abbaye royale, la première abbesse ayant été tirée d'une maison de Bénédictines mitigées, il y a lieu de présumer que ce fut elle qui y établit la règle selon les usages de la maison. Mme de Chauflaille en transférant la communauté dans la ville de Lyon, établit la réforme dans la maison en l'année 1623. Après quelques années d'observance de la réforme, la mort enleva en très peu de temps un grand nombre de religieuses, et l'on fût très longtemps sans recevoir de sujets ; ce qui réduisit la communauté à un très petit nombre qui ne put soutenir la rigueur de l'observance. Mme Antoinette de Varenne qui avait succédé à Mme de Chauffaille, conjointement avec la communauté, présentèrent une requête de l'état de la maison à Mgr Camille de Neuville, archevêque de Lyon, qui nomma des commissaires pour examiner la vérité des faits, et sur leur rapport il fit expédier une ordonnance marquée de son sceau, par laquelle il les rétablit dans leurs anciens usages de la mitigation, et les dispensa des austérités de la règle, à l'exception de l'abstinence du mercredi et du jeûne du vendredi ; depuis ce temps-là on y a établi l'abstinence et le jeûne durant l'Avent, conformément à l'usage de la plus grande partie des maisons mitigées de l'ordre de saint Benoît.

XIII. — Religieuses Ursulines, de la rue Vieille-Monnaie (1).

Pour clore cette liste des couvents de Lyon avant la Révolution, voici l'analyse d'un procès-verbal daté du 7 janvier 1791 constatant

(1) Même fonds ms. 2803 nouveau 303.

qu'Antoine Vivière-Chol, officier municipal de Lyon, s'est rendu au couvent des Ursulines de la rue Vieille-Monnaie et qu'en exécution de l'article 26 du titre 2 de la loi du 14 octobre 1790, les religieuses qui ont préféré la vie commune et dont les noms suivent ont été appelées à élire une supérieure. En conséquence, mesdames Thomé, Maindestre, Gasquet, Charoin, Delglat, Perrier, Giraud de Montbellet, Reverony, Seriziat, Chasseing de Marcilly, Chapuis de Clerimbert, Marion, Pommier, Bruyas, Loste, Pelletier, Vauberet et Boulard, religieuses professes, et sœurs Charoin, Bonnefoy, Seriziat, Revel, Rany et Ressier, sœurs converses, ont élu Geneviève Gasquet, supérieure pour deux ans, et Philiberte Delglat, économe pour le même temps.

OBITUAIRE

des capucins de Charlieu et de Tarare.

Il existe au séminaire de Lyon un manuscrit qui présente une réelle valeur historique. C'est un obituaire ou nécrologe de tous les couvents de capucins de la province de Lyon, précédé, pour chaque couvent, d'une courte notice sur sa fondation. En voici le titre exact :

Catalogue des religieux capucins décédez et enterrez dans tous les couvents de la province de Lion ou dans leurs districts, depuis son établissement qui fut en l'an 1580, sous la protection de saint Bonaventure, par le P. Benoît de Nantua, prédicateur capucin et ritualiste (1) *de la province des capucins de Lyon.*

Le P. Benoît a écrit son manuscrit vers 1720, il y est revenu vers 1730, et y a fait plusieurs corrections et additions. D'autres religieux ont ajouté, plus tard, certaines mentions. Le *Bulletin historique* a déjà donné (2) quelques extraits de ce manuscrit. Voici les chapitres qui concernent Charlieu et Tarare. Rappelons que les initiales V. P. qui précèdent les noms des personnes signifient *Vénérable père.*

Le couvent de *Charlieu* fut établi en l'an 1632 sous la protection de saint Roch, confesseur. Noms des religieux qui sont morts et enterrez dans ce couvent ou dans le district.

(1) On avait d'abord écrit *rubriquaire.*
(2) *Bulletin* (1900), p. 17-21 et 45-51.

1. V. p. Robert de Villefranche, supérieur, 18 juin 1632.
2. V. p. Dominique de Mont-Cenis, prêtre, à Vougi, d'où il fut transporté au couvent, 1640.
3. V. p. Marc de St-Bonnet ou de Stivareille, prêtre, novembre 1647.
4. V. p. François-Marie du Puy, gardien de Mâcon, mourut à l'abbaïe de la Bénisson-Dieu d'où il demanda d'être transporté à Charlieu où il est inhumé, en avril 1648.
5. V. p. Denis d'Orléans, prêtre, février 1652.
6. V. p. Julien de Lion, prédicateur, décembre 1656.
7. V. p. Barnabé de Combronde, prêtre, novembre 1657.
8. V. p. Matthieu de Villefranche, prêtre, 8 septembre 1667.
9. V. p. Paul de Digoin, prêtre, 26 novembre 1679.
10. Fr. Louis de Nantua, lais, 17 septembre 1683.
11. V. p. Mansuet de Villefranche, prêtre, mourut à Barnay d'où il fut transporté au couvent, 11 octobre 1694.
12. V. p. Alexis de Charlieu, prêtre, 9 février 1698.
13. V. p. Sylvestre de Mendes, prédicateur, 17 septembre 1704.
14. Fr. Damien de St-Estienne, lais, 31 mars 1705.
15. Fr. Jean-Antoine de St-Chamond, lais, 28 octobre 1708.
16. V. p. Bonnaventure de Monloy, prédicateur, 13 aoust 1710.
17. V. p. Pacifique de Montbrison, prêtre, mourut au Palais, d'où il fut transporté au couvent, 4 avril 1723.
18. Le R. P. Alexandre de Charlieu, ancien déffiniteur, mourut à la Garde d'où il fut transporté, 7 avril 1725; 72 ans de religion.
19. V. p. Bonnaventure de Röanne, prédicateur, 26 novembre 1730.
20. Fr. Laurent du Puy (*ajouté :*) de Fontanes, lais, 26 septembre 1732.
21. V. p. Joseph Franç(ois) de Lion, prédicateur, 27 avril 1740.

La mission de *Tarare* fut établie en 1664, sous la protection de la sainte Vierge du Rosaire. Noms des religieux qui y ont été inhumez, ou dans le district.

1. V. p. Athanase de la Ronze, supérieur, 3 novembre 1680.
2. V. p. Camille de St-Just-en-Chevalet, prêtre, 28 mars 1681.
3. V. p. Marc de Bourg, prêtre, 15 septembre 1695.
4. V. p. André de Lion, supérieur, 3 février 1730.
5. Fr. Bruno de Charlieu, lais, 14 novembre 1739; 67 ans de religion.
6. V. p. Estienne de Lion, supérieur, 1er décembre 1730.

XIV. — Religieux du tiers ordre de Saint-François, de la Guillotière (1).

(1) Même fonds, ms. 2709, nouveau n° 280.

Les deux documents qui suivent montrent combien était précaire au début de la Révolution, la situation des maisons religieuses et combien elles méritaient que le gouvernement leur vienne en aide, à cause des sacrifices que souvent ces communautés avaient consentis.

Messieurs les administrateurs du district de Lyon,

Exposent les religieux du tiers ordre de St-François du couvent de la Guillotière que vous ayant déjà présenté les comptes de leur gestion, depuis le 1er janvier de la présente année, ensemble l'état de leurs rentes à percevoir, vous avés dû y voir que s'ils ont reçu une partie de leurs loyers de maisons, la nécessité de pourvoir à leur subsistance l'exigeoit ; d'ailleurs cet argent a servi en grande partie a payer les bouchers, boulangers, maçons et tous autres ouvriers et fournisseurs, en un mot ce qu'on appelle dettes criardes, dont leur maison est entièrement libérée jusqu'à ce jour. Le père procureur est même en avance de 147 livres 16 sous et il reste dû en loyers et autres revenus fixes au 1er août dernier 2.123 l. 15 s., non compris 969 l. 16 s. pour arrérages de rentes sur le trésor royal et 1.272 l. 5 s. 11 d. pour 23 marcs, 6 onces, et 6 deniers d'argenterie qu'ils ont remis à la monnoye de Lyon. Les exposants ne prennent point la liberté de vous rappeller qu'ils s'empressèrent dans le tems où ils étoient libres de disposer de leur mobilier, d'offrir à la ville de Lyon, deux globes (1), seuls effets précieux de leur bibliothèque, pour le produit de la vente en estre versé dans la caisse nationale pour secourir la patrie qui faisoit alors sentir des allarmes sur le mauvais état de ses finances. En un mot ils pensent n'avoir laissé échapper aucune occasion de faire éclatter leur amour patriotique et leur parfaite soumission aux décrets de l'assemblée nationale. Dans la position actuelle de leur état les dits exposants privés de toutes ressources après s'être généreusement dépouillés en faveur de la nation, sollicitent avec confiance, de votre justice et de votre humanité, un prompt secours et un traitement suffisant pour subvenir jusqu'à un nouvel arrangement des choses, à leur subsistance, à l'entretien du culte divin, et à la dépense de trois domestiques devenus absolument nécessaires dans une vaste maison, où il y a vignes et jar-

(1) Ces deux globes, l'un céleste, l'autre terreste se trouvent encore à la bibliothèque de la ville de Lyon. Le second est curieux en ce qu'il porte les grands lacs de l'Afrique centrale que Livingstone a découverts au milieu du XIXe siècle et qui, on le voit, étaient connus depuis longtemps, mais oubliés. Sur ce globe voir la brochure de A. Vingtrinier, *Henri Marchand et le globe terrestre de la bibliothèque de Lyon*, Lyon, 1878, in-8°.

dins à cultiver; conformément aux décrets de notre auguste assemblée. Et ferés justice. (*Signé*) : fr. Basile Tuaillon, visiteur; fr. Adrien Batty, assesseur et gardien; fr. Athanase Salvan, procureur; fr. Amédé Colomban, vicaire; fr. Marc Antoine Ducreux; fr. Amant.

(Voici maintenant la note du district écrite sur la pièce précédente) :

Le directoire du district de Lyon qui a vu la requête des religieux du tiers ordre de St-François du couvent de la Guillotière et les différents états annexés à la requête, ensemble et les extraits baptistaires, actes de profession, et autres pièces, après que M. le procureur sindic a été oüi et que M. Caminet, commissaire nommé pour vériffier les faits a rendu compte de sa mission, estime que par provision il doit être payé aux religieux de la Guillotière la somme de 600 livres à imputer sur le traitement qui leur sera dû, d'après les décrets de l'assemblée nationale, de laquelle somme mandat doit être délivré par le directoire du département; enregistré en entier en celui du district et le montant dudit mandat acquité des deniers de la caisse du district. Fait à Lyon, au Directoire, le 11 septembre 1790. (*Signé) :* Fayolle, président; Margaron, Vial, Lecoure, Caminet, administrateurs; Brochel, procureur-syndic; et Bernat, secrétaire.

XXX. — CHRONIQUE D'AINAY AU XVIIIe SIÈCLE

Il est une source de documents encore peu exploitée et qui est pourtant susceptible de fournir une somme importante de renseignements sur notre histoire locale : il s'agit des procès-verbaux des assemblées tenues plus ou moins régulièrement avant la révolution par les communautés religieuses de notre ville. On y trouve surtout des renseignements curieux sur les institutions si différentes de celles dans lesquelles nous vivons, sur le taux des salaires des diverses fonctions, enfin une foule de détails de la vie courante. La chronique qu'on édite ici est un extrait de ces délibérations appelées chapitres généraux. On a laissé de côté tout ce qui ne touchait qu'aux affaires purement temporelles. aux achats et ventes de propriétés pour recueillir tout ce qui pouvait entrer dans une chronique ; il va sans dire que ce travail est absolument inédit.

9 mars 1717, on accorde à M. Michel, chanoine d'Ainay, envoyé à Paris par le chapitre, 200 livres pour frais de voyage et 4 livres par jour pour le séjour.

16 avril 1717, achat de deux dalmatiques noires de camelotte.

9 juillet 1717, on décide d'enlever la croix et les deux arbres qui sont devant la porte de l'église.

3 novembre 1717, le droit du bâton de Saint-Martin consiste en 240 cierges d'un tiers de livre, 9 torches de chacune trois livres, et 4 de six livres pour les vêpres de la veille de Saint-Martin, la messe et les vêpres du jour, le dîner et le souper de la fête. Ce droit est payé successivement par les prieurs qui dépendent du chapitre d'Ainay; ceux-ci doivent tous assister à la fête patronale. Le 1er février 1748, on estime à 300 livres la dépense du bâton de Saint Martin.

29 novembre 1717, le prédicateur de la fête de Saint-Martin recevra 5 livres [pour son sermon] et en plus 5 livres au lieu de la collation à laquelle il avait droit.

24 juillet 1719, aumône d'un écu de 6 livres à un ouvrier tireur d'or. — On décide que les étrennes des baptêmes et mariages appartiendront au tireur de cordes et que les enfants de chœur n'y assisteront pas.

12 août 1719, aumône de 6 livres à la mère d'un clerc d'Ainay, nommée Giry, pour la soulager dans sa maladie.

22 septembre 1719, on décide de vendre le tabernacle de la chapelle Saint-Michel.

1er décembre 1719, on permet à M. et Mme de la Frasse de faire poser un pavé pareil à celui de M. de Severat et de la même grandeur.

1er décembre 1719, le prévôt des marchands de Lyon rappelle que, par acte du 12 septembre 1676, la ville paye annuellement 60 livres au curé de Saint-Michel pour faire célébrer des messes dans la chapelle du Saint-Esprit [située sur le pont de la Guillotière].

2 janvier 1720, on accorde une place d'un banc à l'église à M. Goiffon, docteur médecin et ancien échevin de Lyon (1).

(1) Jean-Baptiste Goiffon, naquit à Cerdon (Ain), le 25 février 1658 ; il fit à Lyon ses premières études, et entreprit à Montpellier celles de la méde-

1er février 1720, on décide de donner un devant d'autel à l'église de Meyzieux.

1er mars 1720, on décide d'acheter, au prix de 30 livres, quatre ouvrages de chant à l'usage de Lyon.

18 mars 1720, on règle les comptes du chapitre : depuis Pâque 1718 jusqu'à Pâques 1719, la recette s'est élevée à 18731 livres 15 sous 8 deniers, la dépense à 18023 livres 8 sous 9 deniers. Le budget d'Ainay a notablement varié durant le XVIIIe siècle, on peut s'en rendre compte par les chiffres suivants relatifs à d'autres époques : 1746, recettes, 37401 livres, dépenses, 31532 livres 10 sous 2 deniers; 1759, recettes, 24305 livres 5 sous 5 deniers, dépenses, 22541 livres 10 sous 5 deniers.

10 mai 1720, on promet 3 livres aux religieux du tiers ordre de

cine. En 1687, il partit, comme médecin, dans l'armée d'Italie, revint ensuite à Lyon, s'agrégea, en 1693, au collège des médecins, partit de nouveau, en 1705, à l'armée d'Espagne. Là, il fut l'objet des plus grandes attentions : la reine le consulta sur sa stérilité et voulut l'avoir pour premier médecin. Il refusa et revint en France, passa par Montpellier, où on lui fit une ovation et se fixa à Lyon. En 1716 et 1717, il devint échevin de notre ville et, en 1720, à la tête du bureau de la Santé, préserva la cité de la peste qui venait de Provence. Enfin, il mourut, d'une attaque d'apoplexie foudroyante, le 30 septembre 1730, sur la place de l'Archevêché. On doit à Goiffon les ouvrages suivants :

1° Une dissertation sur monstre né à Lyon, en 1702, ouvrage cité par le P. de Colonia et non retrouvé.

2° Une édition retouchée de l'Arsenal de chirurgie de Scultet.

3° Traité sur les maladies des bestiaux qui régnèrent en France, en 1714, avec les remèdes convenables, composé par ordre de monseigneur le maréchal duc de Villeroy. A Lyon, chez André Laurens, 1714. In-12.

4° Relation et dissertation sur la peste du Gévaudan, dédiées à monseigneur le maréchal de Villeroy. A Lyon, de l'imprimerie de Pierre Valfray, imprimeur ordinaire du roy et de monseigneur l'archevêque, rue Mercière, à la Couronne d'or, MDCCXXII. In-8°. C'est une dissertation pour servir de réponse à MM. Lemoine et Bailly, docteurs en médecine de la faculté de Paris, envoyés par la cour dans la province de Gévaudan, et signée : Goiffon, Lyon, 18 février 1722.

5° Observations faites sur la peste qui règne à présent à Marseille et dans la Provence (par MM. J.-B. Bertrand et Michel), avec un avertissement (par M. Goiffon). Lyon, impr. de A. Laurens, 1721. In-8, 62-29-24 p.

Sur Goiffon, on peut consulter l'ouvrage suivant, duquel ont été extraites une grande partie des notes biographiques ci-dessus transcrites : Etudes d'histoire médicale. Un précurseur lyonnais des théories microbiennes, J.-B. Goiffon et la nature animée de la peste; lu à l'Académie des sciences, belles-lettres et arts de Lyon, séance du 8 décembre 1885, par le docteur Humbert Mollière, médecin de l'Hôtel-Dieu, président de la Société des sciences médicales de Lyon. Bâle, Lyon, Genève, librairie générale Henri Georg. In-8°, 2 f. - 152 p.

La fameuse bibliothèque du baron Pichon contenait un manuscrit du XVIIIe siècle intitulé : « Mort de l'archevêque de Lyon et la fortune de Goiffon, médecin ». Rappelons enfin, qu'il existe deux jetons consulaires, au nom de Goiffon, l'un, publié à la fin de l'ouvrage de M. Mollière, est sans date et ne porte que le nom de Goiffon, l'autre est daté de 1717 et porte les noms de : Albanel, Renaud, Goiffon et Peysson, échevins.

Saint-François (dit de Picpus), de la Guillotière pour leurs chapitres généraux.

10 mai 1720, on confie à Antoine Paire, prêtre sociétaire de Saint-Haon-le-Châtel, pour six années, la ferme du prieuré de la Calme, en Roannais, dit aussi de la Madeleine, moyennant le paiement annuel de 48 livres, et qu'il prendra soin de la chapelle. Le 13 juin 1721, on abaisse la ferme à 8 livres par an; il est fait mention d'un ermite dans la chapelle.

27 mai 1720, achat, pour 80 livres, d'un drap mortuaire et de deux chapes de camelot noir.

7 juin 1720, le traitement annuel de M. Falcon, maître des enfants de chœur, sera de 417 livres 10 sous, plus ses messes (fixées habituellement à 10 sous).

3 juillet 1720, on donne à Champalay, clerc d'Ainay, 40 livres pour lui aider à apprendre un métier.

9 août 1720, don par Jean Pierre Goyne et Guillaume Goyne, prêtres, docteurs en théologie, de 15.000 livres pour fondation d'une messe annuelle.

10 décembre 1720, les religieuses de la Visitation s'engagent à verser au prévôt curé d'Ainay, 15 livres, comme droit curial, pour toute sépulture faite dans leur monastère; y assisteront, deux vicaires, quatre habitués et deux clercs; les vicaires recevront chacun 15 sous, le maître des enfants 15 sous, celui qui dessert la sacristie 15 sous, les habitués et enfants de chœur chacun 10 sous.

23 décembre 1720, les chanoines, pour toucher leurs bénéfices, seront tenus d'assister un mois entier à l'office chaque semestre; à défaut de cette assistance les anciens chanoines perdront 50 livres et les autres 25 livres.

1er février 1721, on donnera 10 livres par an au sieur Bardin pour transcrire les actes de baptêmes, mariages et sépultures. — On vote 30 livres pour la quête qui doit se faire dans toutes les paroisses pour les pauvres.

13 juin 1721, payé à Charrier de la Roche, chanoine d'Ainay, 6 livres 5 sous pour frais de son voyage à la Calme en Roannais.

7 juillet 1721, réparation d'un autel dans la chapelle de Notre-Dame du cloître à Ainay; on le dédiera à saint Joachim.

24 juillet 1721, Donet, clerc d'Ainay, est choisi pour enseigner le latin aux enfants de chœur aux appointements de 50 livres par an.

4 février 1722, on remet à Bérard, vicaire de la chapelle du Saint-Esprit (sur le pont de la Guillotière), un dais à fleurs d'or et de soie, avec dentelle d'or et d'argent. — On approuve le projet de Mme Gravier de faire faire une coupe ? et une assiette de vermeil doré en retour de la fondation d'une messe basse annuelle.

16 avril 1722, on autorise le sieur Pupil à placer un banc à l'entrée de droite de l'église, joignant le bénitier; M. Cholier, prévôt des marchands, à placer un banc près celui de feu Mme veuve Guillet, enfin à la demoiselle de Bartholy à se servir de ce banc Guillet.

1er juin 1722, on remet à Villette, orfèvre, une navette d'argent aux armes de La Valette et deux petits cœurs d'argent.

16 juin 1722, on décide de placer une horloge à pendule du prix de 50 livres.

10 juillet 1722, on approuve le décret du 7 décembre 1716 par lequel l'archevêque de Lyon unit la cure de St-Michel à la prévôté d'Ainay et les lettres patentes d'avril 1720 ordonnant l'exécution du décret. [L'église Saint-Michel fut un peu plus tard désaffectée à cause de sa proximité avec l'arsenal et vu son état de délabrement. On sait qu'elle se trouvait à l'emplacement de la rue Martin actuelle avec son chevet sur la place St-Michel.]

4 août 1722, le chapitre proteste contre le curé de Chéré qui a enlevé les offrandes dans la chapelle de la Calme dite de la Madeleine.

9 décembre 1722, Sugneret et Raviste recevront chacun 100 livres par an pour enseigner le plain-chant aux enfants de chœur; le 4 mars 1723, on remercie Sugneret et on donne 150 livres à Raviste.

15 janvier 1724, on autorise M. de Sintry à mettre un banc à deux places contre le pilier du bas du chœur du côté de l'évangile, joignant celui de M. de Puzey qu'occupe à présent Mme Daveyne.

16 avril 1725, achat pour l'église de Chambeuf en Forez [dépendant d'Ainay] d'un surplis, deux aubes, deux nappes, un missel, deux petits chandeliers de laiton et un autel portatif.

7 janvier 1726, à l'avenir on n'ouvrira le caveau de la chapelle de la Ste-Vierge que pour ensevelir les chanoines titulaires et honoraires.

1er avril 1726, on rappelle que le roi, par arrêt du conseil d'état des 28 et 30 janvier 1720, a fait défense à ses sujets de garder dans leur maison plus de 500 livres d'argent monnoyé; en conséquence, les chanoines d'Ainay ont fait porter à la monnaie de Lyon les deniers de leur mense et aussi 760 livres pour 1500 messes à acquitter; ces sommes ont été converties en billets de banque.

1er juin 1726, on remplacera la pierre usée qui couvre le caveau des inhumations placée au milieu de la nef de l'église.

23 janvier 1727, on fera faire deux robes violettes pour les deux enfants de la sacristie et trois rouges pour les enfants de chœur.

8 mars 1727, les messes seront payées dix sous aux vicaires et habitués, et douze sous la dernière messe qui se dit à onze heures de Pâques au 1er septembre et à dix heures un quart du 1er septembre à Pâques.

7 mai 1727, on paye au doreur 45 livres pour réparations au tabernacle de Veauche en Forez [église soumise à Ainay].

10 juillet 1727, on mentionne le don d'une tapisserie qu'on tend dans le chœur de l'église.

15 juillet 1727, le bâtonnier recevra un appointement annuel de soixante livres, à condition de se tenir en robe à la porte du chapitre, quand il en sera requis. On lui fournira sa masse.

2 août 1727, on accepte le devis de 280 livres pour fondre une des cloches cassées et retourner (*sic*) les deux qui servent encore ; le 18, on décide que la cloche à fondre s'appellera Blandine et pèsera 400.

2 janvier 1728, on décide qu'avec quatre des chandeliers d'argent il en sera fait deux pour les acolytes.

8 et 10 mai 1728, vente par le chapitre d'Ainay à la ville de Lyon d'un terrain de quarante pieds de large dans toute la longueur du parc, depuis la petite porte de l'abbaye jusqu'aux remparts, pour faire une place et une rue en droite ligne de celle de l'arsenal, moyennant une rente de 1.000 livres, payée par la ville. [C'est sans doute la rue Vaubecour actuelle.]

4 juin 1728, on donne trente livres aux Récollets de Lyon, victimes d'un incendie.

1er mars 1730, on achètera une mitre pour le chanoine qui chante le graduel pendant le carême. [On sait que l'usage de la mitre n'était point autrefois réservé à l'évêque et qu'il s'est prolongé jusqu'à la révolution pour les chanoines de la Primatiale, de St-Just, de St-Nizier, etc.]

16 mars 1730, Jacques Burrier est nommé prêtre sacristain aux appointements de 80 livres; il sera tenu d'assister à matines, à la grand'messe et aux vêpres.

31 mars 1730, achat d'un missel au prix de 10 livres 4 sous.

2 mai 1730, Donet, recevra 80 livres par an pour enseigner le plain-chant aux enfants de chœur et 100 pour leur enseigner le latin.

16 mai 1730, vote de 10.000 livres pour réparations au beffroi et refonte des cloches : le 7 juin on ajoute 2.000 livres aux 1.000, par ce que le beffroi qu'on croyait solide est en mauvais état.

(*Les cloches d'Ainay furent fondues en 1730 et une note du même registre donne des nouvelles cloches la description suivante :*)

La première du poids de (*manque*), ayant au cordon supérieur pour inscription : *Maria, sumptibus capituly, anno Dominy millesimo septengentesimo trigesimo,* et dans le cordon intérieur et en bas un écusson où est une cloche avec ces mots autour dudit écusson : *Pierre Berna,* et autour de ladite cloche furent ces mots : *Jacques du Fraye de Chocheulle en Bassigny, maître fondeur de cloches à Lyon, nous a faites, 1730.*

La seconde du poids de (*manque*) ayant pour inscription au cordon supérieur : *Blandina, sumptibus capituly, anno Dominy millesimo septuagesimo* (*sic*) *trigesimo*, et dans le cordon inférieur où est une cloche sans inscription, autour mesmes figures et écusson du chapitre avec deux écussons où est une cloche avec ces mots, à l'un : *Pierre Berna* et à l'autre ; *Jacques Ducrey*.

La troisième du poids de (*manque*) ayant au cordon supérieur pour inscription : *Agatha, sumptibus capituly, anno Dominy, etc.*

La quatrième du poids de (*manque*) ayant pour inscription au cordon supérieur : *Maria Magdalena, sumptibus, etc.* Autour de laquelle cloche est un écusson, une vierge tenant l'enfant Jésus entre ses bras et s. Martin mitré et crossé, au-dessus d'un feuillage, quatre fleurs de lys et les armes du chapitre qui sont : de gueule à deux clefs, l'une d'or, l'autre d'argent à sotoir, les boucles en bas.

7 juin 1730, les fabriciens de Saint-Michel donnent leurs cloches pesant 1.260 livres pour être fondues avec celle d'Ainay.

15 mars 1745, transcription d'une longue transaction conclue le 25 janvier 1745 entre le chapitre d'Ainay et Boyer, curé de Sainte-Foy, au sujet de l'île du confluent appelée breteau Moignat.

12 novembre 1746, on approuve le contrat daté du 5 entre le chapitre et Nicolas Jean Mayet, de Morbières en Franche-Comté, qui fournira l'horloge du clocher avec cage de 3 pieds 6 pouces de longueur, 1 pied 8 pouces de largeur, 2 pieds 6 pouces de hauteur ; l'horloge sonnera les heures et les demies sur la troisième cloche ; le prix est de 670 livres et on lui laisse l'ancienne horloge.

2 août 1747, achat de « deux livres grand in-quarto reliés contenant les intonations des antiennes et psaumes des offices de l'année tant communs que propres, le tout nottés à la main ».

5 août 1748, le chapitre d'Ainay, donne à Bourreiller, diacre, et Fourin, sous-diacre, 2 sols pour chaque assistance aux offices.

9 août 1748, mention du legs fait le 12 octobre 1746 par Charles Guillaume Goy, bourgeois de Lyon, de 70 livres, pour réparer et orner la chapelle Notre-Dame d'Ainay.

4 mai 1751, le prévôt d'Ainay, curé de Saint-Michel, représente l'exiguïté de la chapelle Saint-Michel, pour la communion paschale et demande à se servir de la chapelle Saint-Pierre qui appartient au chapitre, mais il faudra pour cela ouvrir des portes de communication.

1er décembre 1751, le chapitre a fait faire à Paris une croix processionnelle et deux chandeliers d'acolythes au prix de 2.719 livres 15 sols 3 deniers ; on fera faire aussi un bénitier d'argent d'environ 120 livres.

27 avril 1753, on décide de faire tracer un méridien contre le mur

de face de la tour de la maison de M. de Meyssimieux ou toute autre place convenable.

2 décembre 1755, on décide d'acheter trois chapes de damas noir galonnées en argent et une mitre assortie.

1er mars 1756, on fera faire un calice neuf pour la chapelle du Saint-Esprit, le chapitre d'Ainay donne pour cela 50 livres plus le prix de vente de l'ancien calice et de l'ancien ciboire de cette chapelle. On décide aussi d'acheter deux chandeliers de cuivre pour la chapelle Saint-Badulphe et deux pour la chapelle Saint-Pancrace.

4 mai 1756, don de 12 livres au curé de Violay et d'Affoux, pour réparer le plafond et le toit de l'église d'Affoux [canton de Tarare].

4 mai 1756, le chapitre décide de traiter avec les fabriciens pour la suppression des bancs de l'église; on les remplacera par des chaises dont la recette sera perçue par le chapitre, à condition que celui-ci prendra à sa charge le paiement de cent livres pour la prédication du carême, six livres pour le prédicateur de la fête de St-Michel, enfin l'entretien de la lampe de cette chapelle.

1er juin 1756, on décide de réparer et reblanchir le chœur de l'église de Massieux, dépendant d'Ainay, et d'ouvrir une fenêtre dans le chœur qui n'en possède qu'une; les habitants feront gratuitement les charrois.

2 août 1756, frère Benoît La Mure du diocèse d'Autun, ermite, est autorisé à habiter le bâtiment joignant la chapelle du prieuré de la Calme, dépendant d'Ainay.

1er février 1757, on décide de remettre aux capucins de Lyon 300 livres pour acquitter 600 messes. Le 1er décembre 1759 on leur remet encore 624 messes à raison de 10 sous.

10 juillet 1758, on décide de vendre une lampe d'argent de la chapelle du St-Esprit [située sur le pont de la Guillotière] afin de refaire l'ostensoir de la chapelle.

13 et 23 février 1760, suivant l'édit de Louis XV, on a porté à la monnaye de Lyon pour y être fondus, quatre chandeliers, un bénitier, une lampe, le tout d'argent, pesant 25 marcs 3 onces 9 deniers et estimé 1381 livres 13 sols 6 deniers, dont le quart a été payé en argent et le reste en reconnaissance payable à la forme des déclarations du roi.

13 mars 1764, vente au prix d'une rente annuelle de 610 livres de la directe et rente noble du prieuré St-Maurice de Gourdan [Ain], au profit de Jean Imbert, écuyer, secrétaire du roi.

15 février 1768, mention d'une fondation, faite le 5 février 1695, au prix de 150 livres de rente, de messes à célébrer dans la chapelle Notre-Dame des Anges, au cloître d'Ainay.

1er mars 1768, on autorise le marquis de Calvières à placer sur le mur de la chapelle St-Benoît, à Ainay, un marbre contenant les armoiries et épitaphe de son épouse inhumée le 16 février dans cette chapelle ; il fonde, au prix de 250 livres, une messe basse annuelle.

8 août 1768, les religieuses de la Visitation de Bellecour s'engagent à donner une rente annuelle de 50 livres au chapitre d'Ainay à condition pour celui-ci « d'aller toutes les années avec son clergé dans leur église le 20 août, chanter solennellement les premières vespres et le lendement 21 célébrer la grande messe à l'honneur de sainte Jeanne Françoise de Chantal, à commencer dez cette année ». Le chapitre accepte le 9 août et décide d'aller processionnellement au son de la grosse cloche qui sera également sonnée la veille, à 8 h. du soir, comme on le fait pour la fête de s. François de Sales.

21 septembre 1769, le chapitre d'Ainay reçoit 1200 livres et s'engage à acquitter annuellement trente-trois messes de fondation provenant de l'église St-Joseph des Jésuites supprimés.

1er juin 1772, on annonce que la voûte de la porte du pont du Rhône attenant à la chapelle du St-Esprit et les autres bâtiments adjacents à la dite chapelle tant du côté des remparts que du côté du quai de Retz menacent ruine; le consulat veut les faire abbattre; comme il est à craindre que la chapelle ne vienne à s'écrouler, le consulat prie l'archevêque d'y interdire le culte; le chapitre d'Ainay de qui dépend la chapelle proteste et rend le consulat responsable des dégâts.

LYON. — IMPRIMERIE EMMANUEL VITTE, 18, RUE DE LA QUARANTAINE.

www.ingramcontent.com/pod-product-compliance
Lightning Source LLC
Chambersburg PA
CBHW060158100426
42744CB00007B/1077
9782011282965